Spanish Short Stories for Beginners

An Easy Way to Learn Latin American Spanish by Improving Your Reading Comprehension, Listening Skills and Growing Your Vocabulary in a Fun Way!

Table of Contents

What the book is about..1

How to use this book 5

Tips and Tricks..5

Historia 1: Un comienzo fortuito - A Fortunate start..7

Historia 2: Pidiendo libros en la biblioteca - Asking for books in the library 12

Historia 3: Los tres amigos - Three friends 18

Historia 4: La clase de danza - The dance class 23

Historia 5: Esperando el correo - Waiting for the mail 29

Historia 6: Un gran vínculo - A great bond 35

Historia 7: Una familia unida - A close family 40

Historia 8: Una historia en la universidad - A story in college 45

Historia 9: Sofía y su mejor amigo Pepe - Sofia and her best friend Pepe 51

Historia 10: Entrenar en el gimnasio - Training at the gym 57

Historia 11: Aprendiendo a sumar - Learning to add up 63

Historia 12: Clase de natación - Swimming class.. 69

Historia 13: Aprendiendo a tocar piano - Learning how to play the piano 75

Historia 14: Acompañando a mamá a su consulta médica - Accompanying mom to her medical consultation.. 81

Historia 15: Picnic en el parque - Picnic in the park 86

Historia 16: Semana de exámenes - Exams week.................................. 92

Historia 17: Bianca e Isabel - Bianca and Isabel............................... 97

Historia 18: Visita al oftalmólogo - Visit to the ophthalmologist............. 103

Historia 19: El abuelo Vicente - Vincent, the grandfather.................... 109

Historia 20: Jovencita recibe clases particulares de español -
Young girl receives private Spanish lessons 115

Historia 21: Mujer se prepara para una audición - Woman
preparing for an audition 121

Historia 22: Preparando un postre para la clase - Preparing a
dessert for the class... 126

Historia 23: Sesión de fotos para el fin de año escolar - Photo
session for the end of the school year 132

Historia 24: Conferencia antes de iniciar en la universidad -
Lecture before starting college... 138

Historia 25: Vecinos conversando sobre cuidar el jardín -
Neighbors talking about taking care of the garden............................ 144

Historia 26: Preparando la comida de la semana - Preparing the
week's meals.. 150

Historia 27: Comprando flores para el aniversario - Buying
flowers for the anniversary... 156

Historia 28: Maestra de preescolar acomodando los creyones -
Preschool teacher arranging the crayons 162

Historia 29: Alberto, el chofer de bus - Albert, the bus driver 168

Historia 30: Nataly, la asistente de veterinario - Nataly, the
veterinary assistant.. 173

Conclusion 179

Bonus: Vocabulary from all the stories.. 182

SPECIAL BONUS!

Want This Bonus Book for FREE?

Get <u>FREE</u>, unlimited access to it and all of my new books by joining the Fan Base!

SCAN W/ YOUR CAMERA TO JOIN!

What the book is about

Congratulations on a wise choice! The materials usually offered to learn foreign language are often of poor quality, based on inefficient methods that make learning take much longer. It makes much harder to find useful and entertaining ways to learn a language in a pleasant and efficient manner without memorizing those boring dictionaries.

Who likes spending a lot of time without seeing results? Who wants to get frustrated after buying a lot materials to learn a language, using multiple methods, and not seeing a good outcome?

No one.

We are all busy and want to get results faster and more conveniently. The world is changing, and it is fascinating that researchers are still able to find ever more efficient ways to learn quicker in order to adapt.

It is the reason we are here to shift your foreign language learning experience to the next level, using new scientific discoveries.

Our goal is to offer engaging material that when you practice makes your understanding of the language better and better. Language learning is not by accident. We have special material that will make the process smoother and more fun.

There is no way to learn a language – or anything - in just minutes; but with our material, it will go faster than the traditional way.

How many people do you know who have been participating in foreign language classes and now cannot communicate in the language they have been learning?

We know a lot.

Does it make sense to spend years learning a language and not seeing results? Is it normal? The classic educational system is not evolving to keep up with our fast-changing world. It does not use new inventions of science, which can make the learning a unique experience.

Why is our material unique?

This book has a simple structure: thirty short stories written in Spanish with action that takes place in Latin America so you can immerse yourself deeply in both the language and local context. After every story, we offer a short Spanish and English summary to ensure you understood the plot. Then you go to the short vocabulary list based on frequently-used words.

Why did we not include a list of hundreds of words? To be honest, from our experience, you do not have to know many thousands of words to comprehend and communicate in a new language. Our material is based on frequently-used words or the most commonly used. From our perspective, it does not make sense to learn a lot advanced specialized vocabulary to communicate well. Of course, suppose you are a lawyer or doctor and are going to work in a foreign country. You need the relevant vocabulary and phrases to practice your profession. Still, in our book, we focus on simple communication in everyday life situations, not as a preparations for work in a specific field.

Then after a short vocabulary list comes a quiz to check your understanding.

Are you maybe wondering if our approach is as innovative as we claim? We can surely answer, yes. Why? Because the material is prepared to learn while reading. If you have no experience in Spanish, you will likely not know many of words, but you do not have to worry just yet. It is a process.

Except for the material itself, there is one crucial thing before you start. Do you know what it is? The proper mindset.

If you do not know any words in Spanish and try to read a story, you will surely get frustrated.

What type of mentality should you adopt while learning? First of all, try to have fun while reading these stories. Try to be interested like it is the most exciting book in your life, even if you do not get all the meaning.

Are you serious? Yes, we are. Many people start learning a foreign language and get frustrated when they do not know most words or understand the grammar structure. Then these people give up and cease their interest in learning the new language.

We cannot accept such frustration. No one is perfect; we all have different abilities and experiences. This book targets those without much experience in Spanish. Fluent people in the language will probably find the material too easy, and they will not get as much out of it as a beginner will.

Of note, the book does not contain difficult idioms, past tenses, and advanced vocabulary, making the task more accessible and focused on quick comprehension.

The book's power is helping you understand that you will make mistakes, like everyone. Your goal is to make progress, even small, but still progress. It is better to take small steps forward and learn a few words per day than try to memorize thousands of words and get frustrated that you cannot store so much in your mind.

The "Rocky Balboa" strategy is not the best choice because it relies on impulse and emotions. It is often based on a temporary high motivation level, which will not be steady. If you go this route, you will see that sometimes you have the motivation and sometimes not. Most likely you will not succeed because language learning requires consistency in making small steps forward with a well-prepared plan.

In the long run, you will succeed if you make an achievable plan and stick to it daily rather than trying to run up Mount Everest without preparation.

Interestingly, our approach can be applied to almost every field in your life and every goal you want to achieve.

If you know a little about mentality, which is crucial in efficient language learning, make yourself a promise to set a tangible goal and stay consistent. That is all!

You can tell your friends or family that you will learn Latin Spanish. They will probably motivate you and keep you on track. You can, for example, set a reminder on your phone to remember about the day's language learning practice.

Language learning can be a fantastic adventure if you stick to the tips and tricks offered in this book. In fact, we are sure it will be!

Now let's dive into instructions on how to use the book for the best results.

How to use this book

- Read quietly in Spanish without worrying that you do not understand something in the text. Some things you will remember more quickly, and some more slowly. That is normal.

- Reread the Spanish story text and both summaries (Spanish and English) to make sure you have understood most of it.

- Check the vocabulary at the end of the text and the translation. If you are unsure what some unbolded words mean, try to figure it out from the context. If you cannot, check the translator you use or a dictionary.

- It is recommended to reread the texts after checking the words.

- Use the simple question test at the end of the story to check your understanding. The answers follow the test. You are assessing how much you have understood correctly.

Tips and Tricks

- If you like, you can write down phrases or words that interest you. It is an additional way to memorize new words. Alternatively, you can also highlight them.

- Try to habitually learn every day (even for 5-15 minutes). It will be much more efficient than learning, for example, in two hours once a week. You will get much better results with a consistent approach, even with less time than one long session.

- For most people, it is too hard at the start to take a lot of time. It can destroy your mindset and motivation at the beginning. The key to success is learning and repeating every day a little bit.

- Of course, if you want to learn more, do it, but adjust the time. For example, if you feel that learning 15 minutes per day for one week is not practical, change it to 20 minutes. After a week, you can adjust to 30 minutes if you feel comfy. As we have said, it is all about the process and not by accident!

- Repetition is KEY in language learning like in everything you learn. Make sure to make regular repetitions. Researchers have found that you will quickly forget what you have learned without repetition. Repetition will make your learning more straightforward and help you remember for much longer.

- Don't be afraid to reread these stories after some time to reflect on the words learned. Repetition is so important in learning anything, so we highly recommend returning to these stories and revising some words.

- Don't get hung up on the words or phrases you don't understand. Go through the text, and do not feel pressure. Learning a new language process has to be enjoyable. Some things will be learned over time.

- If possible, read the stories out loud and not only in your head. At the same time, you are improving your pronunciation skills.

Historia 1

Un comienzo fortuito - A Fortunate start

Juan es un joven de 27 años. Le gusta **viajar**, conocer otras culturas, tener aventuras emocionantes con amigos que va conociendo en el camino, pero lo que más le gusta es **comer**. A Juan le encanta todo lo relacionado con la comida, sea dulce, ácido, amargo o salado. A sus 27 años, Juan ya ha visitado más de 10 países. Sin embargo, hoy no ha sido un buen día para Juan, el **avión** partió sin él porque llegó tarde.

Ayer, Juan estuvo compartiendo con algunos de sus amigos más cercanos porque esta vez no viajará sólo para **conocer** y visitar, sino que se mudará definitivamente. Juan es de Venezuela, pero se está mudando a Argentina. Como Juan es muy amable y **divertido**, se quedó compartiendo hasta tarde con sus amigos y se quedó dormido. Tenía que llegar a las ocho de la **mañana** al aeropuerto, pero llegó a las nueve y media y no le dio tiempo para **abordar** su vuelo.

Un poco triste, Juan decide ir al **cafetín** del aeropuerto para desayunar una empanada con una malta. Las empanadas son una masa de maíz frita que se rellena con casi cualquier cosa, carne mechada, pollo, queso, etc. Comer lo hace feliz. De la nada, una mujer muy **guapa** se le acerca y le pregunta la hora. Juan le dice la hora y la invita a comer con él. Entonces, ella accede y se sienta a comer también. Después de un rato de contar historias y comer, Juan le pregunta su nombre. La **muchacha** se llama María. María también es venezolana y tiene una **afición** por la comida, de hecho, ¡María es chef!

Cuando Juan se entera salta de alegría y al instante se le olvida la tristeza de perder su vuelo. María le dice que deberían salir algún día y hacer algo divertido. Entonces, Juan le propone ir a un restaurante y ver quién puede comer más.

Pasó una semana, Juan y María volvieron a encontrarse, esta vez frente a un local que vendía las hamburguesas más **sabrosas** de la ciudad. En el local tenían un **reto**: la persona que lograra comerse 10 hamburguesas no pagaría su cuenta. Ambos decidieron aceptar el reto.

No habían pasado 15 minutos y ya ambos se habían **devorado** las primeras tres hamburguesas. Todos en el local estaban sorprendidos. Pasaron 15 minutos más y ya se habían comido cinco hamburguesas cada uno. Y al cabo de otros 15 minutos, solamente quedaban tres hamburguesas en los platos. Mientras todas las personas del local estaban **boquiabiertas**, Juan y María se reían y disfrutaban el momento.

Los dos lograron ganar el reto y sus nombres fueron anotados en una **pizarra** del restaurante para ser reconocidos. Ese día la pasaron excelente, así que Juan decidió confesarle un par de cosas a María.

Empezó diciéndole lo mucho que se había divertido y que le encantaría hacer algo así de nuevo en cualquier momento. También le dijo que la razón de su mudanza a Argentina era porque en Venezuela se sentía **solo**, pues sus amigos trabajaban y sólo podía estar con ellos durante el fin de semana. Además, no tenía familia cercana porque todos habían emigrado antes. Juan le confesó a María que se sentía muy bien cerca de ella, que quería **compartir** mucho más si ella también quería lo mismo y que estaba dispuesto a quedarse por ella.

María se sintió muy bien con las palabras de Juan, entendió que quizás ella había llegado a su vida en el mejor momento y decidieron salir de nuevo. Sin embargo, esta vez María le dijo que ella era chef y que la próxima cita sería en su **casa**. Ella le prepararía la comida más rica que él iba a probar en su vida.

En la siguiente cita, María le preparó un rico **pasticho** a Juan. Él quedó absolutamente encantado y le dijo a María que quería estar con ella toda su vida. María aceptó, así que iniciaron la mejor aventura juntos, la historia de sus vidas.

Resumen: Juan, un hombre joven a quien le encanta comer, conoce a María de manera fortuita cuando pierde su vuelo. María es una chef que llegó a la vida de Juan en el momento justo. Juntos pasan momentos increíbles y toman una decisión que cambiará sus vidas.

Summary: Juan, a young man who loves to eat, meets Maria by chance when he misses his flight. María is a chef who came into Juan's life at the right time. Together they have incredible moments and make a decision that will change their lives.

Lista de Vocabulario

- Viajar - To travel (infinitive)
- Comer - To eat
- Avión - Airplane
- Conocer - To know, to meet
- Divertido - Funny
- Mañana - Morning
- Abordar - To board (infinitive)
- Cafetín - Coffee Shop
- Guapa - Beautiful

- Muchacha - Girl
- Afición - Hobby
- Sabrosas - Tasty (plural, feminine)
- Reto - Challenge
- Devorado - Devoured (past perfect tense)
- Boquiabiertas - Open-mouthed, amazed (feminine, plural)
- Pizarra - Blackboard
- Solo - Alone
- Compartir - To share (infinitive)
- Casa - House
- Pasticho - Lasagna

Preguntas

1. ¿Cómo se llaman los personajes de la historia?

   a) Juan y María
   b) Carlos y Raquel
   c) José y Marta
   d) Pedro y Rosita

2. ¿Dónde se conocieron los protagonistas?

   a) En la calle
   b) En un museo
   c) En el aeropuerto
   d) En el parque

3. ¿Cuál es la afición de Juan?

   a) Ver fútbol
   b) Jugar baloncesto
   c) Videojuegos
   d) Comer

4. ¿Qué estaba comiendo Juan cuando conoció a María?

   a) Arepa
   b) Pasticho
   c) Arroz con pollo
   d) Empanada

5. ¿Cuántas hamburguesas tenían que comerse Juan y María para ganar el reto?

   a) Cinco
   b) Tres
   c) Siete
   d) Diez

Respuestas

1. What are the names of the characters in the story?

A: Juan y María - John and Mary.

2. Where did the protagonists meet?

C: En el aeropuerto - In the airport.

3. What was Juan's hobby?

D: Comer - Eating

4. What was Juan eating when he met Maria?

D: Empanada - Fried pastry

5. How many hamburgers did Juan and María have to eat to win the challenge?

D: Diez - Ten

Historia 2

Pidiendo libros en la biblioteca - Asking for books in the library

Jesús y Andrea son estudiantes de secundaria y han sido amigos prácticamente desde que nacieron, ya que sus mamás son buenas amigas. Trabajan juntos en cada **actividad** del colegio. Cada tarde se reúnen en casa de Andrea a hacer las tareas, pero para la última tarea de Historia necesitan un poco de ayuda extra.

Tienen que **investigar** sobre la independencia de Costa Rica, su país. Saben que hay muchísima información, por lo que prefieren buscar ayuda antes de que la tarea se les escape de las manos. Han escuchado hablar sobre la historia de Costa Rica desde que eran unos niños, pero siempre es bueno **repasar** antes de un trabajo importante.

Al salir de clases pasaron por la **oficina** de profesores y hablaron un momento con la profesora Olga para pedirle un poco de ayuda extra en la actividad de hoy. La profesora Olga les dijo que para recibir toda la información que necesitan deben solicitar varios **libros** en la biblioteca, pero para esto es necesario tener un **carné de identificación.**

Andrea tiene un carné de la biblioteca y puede **solicitar** los libros el día de hoy, así que inmediatamente después de hablar con la profesora Olga y agradecerle por su ayuda deciden ir directamente a la **biblioteca**. Cuando están en camino se dan cuenta de que se les ha hecho muy tarde y comienzan a correr hacia su siguiente **destino**.

Consiguen llegar justo a **tiempo**. Andrea se acerca al **mostrador** para solicitar los libros, mientras que Jesús aprovecha para verificar que tienen todo lo que necesitan para comenzar su trabajo de Historia. Una vez tienen los libros, dan las gracias y se van de la biblioteca.

Caminan con más calma hasta el **estacionamiento**, donde la mamá de Andrea ya los está esperando. Se montan apresurados en la parte de atrás del carro. Comienzan a contarle cómo les fue el día de hoy y todo lo que tienen que hacer al llegar a la casa. La mamá los escucha atentamente y aprovecha para decirles que ya ha preparado el **salón** de estudios para que puedan llegar a trabajar de inmediato.

En cuanto llegan a la casa ven todo preparado y sin tiempo que perder comienzan a revisar los libros sugeridos por la profesora Olga. Para la **sorpresa** de los dos se dan cuenta de que el trabajo no es tan difícil como pensaban, **principalmente** porque tienen las **herramientas** adecuadas. Jesús y Andrea estaban muy asustados por no saber si serían capaces de terminar el trabajo a tiempo; pero gracias a que se decidieron a pedir ayuda fueron capaces de resolver. También gracias a que son un excelente **equipo** lograron terminar el trabajo antes de las 7 de la noche.

Cuando ya está todo listo comienzan a guardar sus cosas. De repente escuchan a la mamá de Andrea que los llama desde la cocina. Cuando llegan, el olor les hace saber que la mamá ha preparado picadillo de papa, una comida típica de Costa Rica muy deliciosa, hecha con papas cocidas picadas en cubos y chorizo. En cuanto la señora los ve los invita a sentarse en la mesa.

Los tres se sientan a comer y la mamá de Andrea les pregunta un poco más sobre la actividad que realizaron, así que Andrea y Jesús comienzan a pelear por ver quién contesta primero y quién puede dar los mejores detalles. Terminan de comer y están a punto de pararse a lavar los platos cuando escuchan un **carro** afuera.

La mamá de Jesús llegó antes de lo esperado. La mamá de Andrea sale a saludar mientras Jesús busca sus cosas. En cuanto tienen todo listo la mamá de Jesús les agradece por la **hospitalidad** y por haberle dado cena a su hijo. Ellos se van a su casa.

A la mañana siguiente, Andrea y Jesús se encuentran frente al colegio y caminan con paso decidido a su primera clase del día, la clase de Historia. Están muy confiados sobre su trabajo y no pueden esperar a exponer frente a todos sus compañeros. Al entrar al salón, la profesora los invita a pasar de primeros. Tienen oportunidad de contarles a todos sobre su tarde de investigación y todos los detalles que pudieron **descubrir** sobre la historia de Costa Rica.

Al final, Andrea y Jesús sacaron la máxima calificación y todos sus compañeros, padres y maestros estuvieron muy orgullosos de ellos.

Resumen: Jesús y Andrea son dos buenos amigos que estudian juntos bachillerato. En esta ocasión, están teniendo algunos problemas con la clase de Historia y deben pedir libros en la biblioteca para poder hacer un trabajo sobre la independencia de Costa Rica, su país natal. Con un poco de suerte y mucho trabajo Jesús y Andrea logran sus objetivos.

Summary: Jesús and Andrea are studying high school and they are best friends. On this occasion, they are having some problems with the History class, and they will have to ask for books in the library to be able to do a project about the independence of Costa Rica, their native country. With a little luck and hard work, Jesús and Andrea achieve their goals.

Lista de Vocabulario

- Actividad - Activity
- Investigar - To research (infinitive)
- Repasar - To review (infinitive)
- Oficina - Office
- Libros - Books
- Carné de identificación - ID card
- Solicitar - To request, to ask for (infinitive)
- Biblioteca - Library
- Destino - Fate
- Tiempo - Time
- Mostrador - Counter, information desk
- Estacionamiento - Parking lot
- Salón - Classroom
- Sorpresa - Surprise
- Principalmente - Mainly, mostly
- Herramientas - Tools, resources
- Equipo - Team
- Carro - Car
- Hospitalidad - Hospitality
- Descubrir - To discover (infinitive)

Preguntas

1. ¿Cómo se llamaba la profesora a la que Jesús y Andrea le pidieron ayuda?

   a) María
   b) Coromoto
   c) Olga
   d) Ana

2. ¿Qué necesitaban los protagonistas para pedir libros en la biblioteca?

   a) Un permiso
   b) Una nota firmada por el director
   c) Dinero
   d) Un carné de identificación

3. ¿De dónde son Jesús y Andrea?

   a) Venezuela
   b) Costa Rica
   c) México
   d) Argentina

4. ¿Cómo se llama la comida típica que preparó la mamá de Andrea?

   a) Ceviche
   b) Pabellón
   c) Picadillo de Papa
   d) Paella

5. ¿Sobre qué era el trabajo que debían hacer Jesús y Andrea?

   a) La independencia de Costa Rica.
   b) La conquista de Costa Rica.
   c) La historia de Costa Rica.
   d) La colonización de Costa Rica.

Respuestas

1. What was the name of the teacher that Jesús and Andrea asked for help?

C: Olga

2. What did the protagonists need to ask for books in the library?

D: Un carné de identificación - An ID card

3. Where do Jesus and Andrea come from?

B: Costa Rica

4. What is the name of the typical food that Andrea's mother prepared?

C: Picadillo de Papa - Potato hash

5. What was the work Jesus and Andrea were to do about?

A: La independencia de Costa Rica - Costa Rican Independence

Historia 3

Los tres amigos - Three friends

La ciudad de Bogotá, capital de Colombia, es muy conocida por su interés en el **fútbol**. Todos los jóvenes quieren practicar para poder ser parte de la selección nacional. Mario, Gabriel y Daniel son parte de la **liga juvenil** y siempre están hablando sobre todo lo que harán cuando por fin logren **jugar** de forma profesional.

Mario y Gabriel tienen 13 años. Daniel no los cumple hasta dentro de 3 meses. Ellos **siempre** bromean diciendo que él es el bebé del grupo, pero las **bromas** siempre terminan rápido para evitar meterse en problemas durante las **prácticas**. El papá de Mario es el encargado de llevarlos todos los sábados en la mañana. La mamá de Gabriel siempre los busca en la tarde y los lleva a comer algo después de practicar. Cuando toca un **partido amistoso** es el papá de Daniel quien se encarga de todo.

Daniel es el que más se esfuerza dentro de su grupo de amigos porque es el menor y no quiere que los demás piensen que no sabe jugar. Por esta razón, practica todas las tardes en su casa. Algunas tardes sus amigos van a acompañarlo y practican con él. Esas son las **mejores** tardes para los 3 ya que pueden continuar jugando fútbol, incluso fuera de las prácticas.

El sábado pasado tuvieron el primer juego amistoso del año y Daniel por fin metió su primer **gol**. Todos estaban muy emocionados. Aunque al final no ganaron el partido, el papá de Daniel los llevó a **celebrar**. Fueron a comer salchipapas en un local cerca de la **cancha** de entrenamiento. Esta es una comida callejera muy popular de Colombia hecha con papas fritas, diversos embutidos, salsas y queso. Ellos se divirtieron mucho. Cuando todos terminaron de comer, el papá de Daniel los dejó a todos en su casa para que descansaran.

Desde que tuvieron su primer juego amistoso del año no pueden dejar de **pensar** en el futuro, ya que cada vez se ve más cerca la posibilidad de dedicarse a jugar de forma profesional. Eso los motiva cada vez más a jugar y a esforzarse en **dominar** su técnica, pero saben que para lograrlo también tienen que descansar, porque el entrenador siempre les habla sobre tener un buen balance en la **vida**.

Daniel no ha querido hacerle caso a su entrenador y ha estado practicando todos los días en su casa. Él cree que el descanso no le servirá de nada. Una tarde mientras practicaba no midió bien su fuerza y se lastimó el pie con el balón. Intentó no decirle a nadie por varios días porque sabía que no lo dejarían jugar, pero cuando le tocó ir a entrenar todos se dieron cuenta de que algo no andaba bien, así que la mamá de Gabriel llamó al papá de Daniel y le contó lo sucedido.

El papá de Daniel está muy preocupado. Por eso, decide llevarlo rápidamente al médico. Después de una **radiografía** se enteran de que Daniel solo tiene un **esguince** y tendrá que dejar de jugar por 3 semanas hasta que se cure por completo.

Daniel se decepciona al escuchar la noticia. Cuando están a punto de irse del **hospital** ven que Gabriel y Mario vinieron a ver cómo estaba todo. Daniel comienza a disculparse, pero sus amigos le dicen que el fútbol no es tan importante. Ellos vinieron porque estaban preocupados por él.

Mario y Gabriel se divierten mucho jugando fútbol, pero saben que lo más divertido de todo es poder hacerlo con sus amigos.

También saben que para poder volver a jugar los 3 juntos Daniel tiene que reposar, así que están de acuerdo con eso.

En cuanto Daniel se da cuenta de que sus amigos lo seguirán queriendo, aunque no pueda jugar, comprende que el descanso no es tan malo después de todo. Sale con su papá y sus amigos del hospital con una sonrisa en el **rostro**. Como si se tratara de un día de juego, el papá de Daniel los lleva a todos a comer y siguen hablando sobre cómo serán sus vidas cuando sean parte de la selección nacional de Colombia. Ahora Daniel no tiene miedo de perder a sus amigos por dejar de jugar y por fin comprende que practicar es importante, pero descansar es igual de importante.

Resumen: Mario, Gabriel y Daniel son tres amigos muy especiales. Su amistad está basada en el sueño de convertirse en grandes y reconocidas estrellas del fútbol mundial. Aunque Daniel es el más pequeño, siempre se esfuerza mucho para alcanzar los objetivos y a veces no escucha a su entrenador. En esta historia Daniel aprende una gran lección después de pasar un gran susto.

Summary: Mario, Gabriel and Daniel are three very special friends. Their friendship is based on the dream of becoming great and recognized world soccer stars. Although Daniel is the youngest, he always works hard to achieve his goals, and sometimes he does not listen to his coach. In this story, Daniel learns a great lesson after having a great scare.

Lista de Vocabulario

- Fútbol - Soccer
- Liga juvenil - Youth league
- Jugar - To play (infinitive)
- Siempre - Always
- Bromas - Jokes

- Prácticas - Trainings
- Partido amistoso - Friendly match (partido - match ; amistoso - friendly)
- Mejores - Top, best (plural)
- Gol - Goal, Score
- Celebrar - To celebrate (infinitive)
- Cancha - Court, Field, Ground
- Pensar - To think (infinitive)
- Dominar - To master (infinitive)
- Vida - Life
- Radiografía - Radiography, X-Ray
- Esguince - Sprain
- Hospital - Hospital
- Rostro - Face

Preguntas

1. ¿Cuál es la ciudad natal de los tres amigos?

   a) Barranquilla
   b) Cartagena
   c) Medellín
   d) Bogotá

2. ¿Cuántos meses le faltan a Daniel para cumplir 13 años?

   a) Dos meses
   b) Cuatro meses
   c) Tres meses
   d) Cinco meses

3. ¿En qué día de la semana metió Daniel su primer gol?

   a) Domingo
   b) Martes
   c) Jueves
   d) Sábado

4. ¿Qué parte del cuerpo se lastimó Daniel?

   a) El pie
   b) La mano
   c) La cabeza
   d) La rodilla

5. ¿A quién desobedeció Daniel?

   a) A su papá
   b) Al entrenador
   c) A su mamá
   d) A sus amigos

Respuestas

1. What is the hometown of the three friends?

D: Bogotá

2. How many months are left to Daniel's 13th birthday?

C: Tres meses - Three months

3. On what day of the week did Daniel score his first goal?

D: Sábado - Saturday

4. What part of the body did Daniel hurt?

A: El pie - His foot

5. Who Daniel disobeyed?

B: Al entrenador - His coach

Historia 4

La clase de danza - The dance class

Elena comenzó clases de danza en la academia de su ciudad cuando tenía 10 años. Desde entonces se ha esforzado incansablemente para **convertirse** en la mejor bailarina de su salón. Elena tiene 15 años y es de Chile. Su meta es ser la **solista** del evento de navidad, por lo cual se esfuerza bastante para lograrlo.

La **mejor amiga** de Elena, Victoria, ha comenzado recientemente en la academia y no sabe mucho sobre danza. Nunca ha sido muy buena, pero Elena le dijo que la apoyaría en todo, así que decidió intentarlo y hoy es su primer día de clases. Aunque ambas tienen un nivel muy diferente Elena está en el salón de clases apoyándola y participando como asistente.

Durante la clase el instructor les explica poco a poco cuáles son las posiciones del **cuerpo** más utilizadas en la danza, así como los nombres de algunos de los movimientos. Elena es la encargada de hacer las **demostraciones** y Victoria está muy feliz de ver lo talentosa que es su amiga. Al finalizar la clase, Victoria comienza a hacer todo tipo de preguntas y Elena intenta explicarle lo mejor que puede todo lo que sabe.

Elena no tiene más clases por el resto del día, así que ella y Victoria aprovechan para irse juntas. Deciden ir a la cafetería que se encuentra en el mismo **centro comercial** donde está la academia. Dentro de la cafetería piden un par de papayas confitadas, un **postre** típico chileno que consiste en dejar hervir la fruta con mucha azúcar hasta que se vuelve una conserva. Ellas comienzan a **conversar** acerca de la clase de hoy.

Victoria está muy emocionada por su primer día, aunque tiene miedo de no poder aprenderse toda la **terminología** tan rápido como quisiera. Elena la tranquiliza y le recuerda que en el nivel **principiante** nadie espera que ella conozca todas las respuestas, pero que puede ayudarla a estudiar un poco a medida que vaya avanzando.

Las clases de Victoria son los lunes, miércoles y viernes, mientras que las clases de Elena son los lunes, martes y miércoles. Por lo que dos días a la **semana** se reúnen a comer dulces en la cafetería después de salir de la academia. No siempre salen a la misma hora, pero siempre intentan esperar a la otra para conversar sobre sus clases y todo lo que han podido aprender.

Elena está mucho más avanzada que Victoria, pero sabe que todos empiezan por algo, así que hace todo lo posible para **ayudar** a su amiga. Además, ella también fue principiante en algún momento y siempre recibió este tipo de apoyo, por eso quiere **retribuir** su conocimiento de alguna manera. Victoria siempre está haciendo preguntas, así es más fácil saber qué es lo que necesita que le expliquen.

A medida que pasa el tiempo Victoria mejora cada vez más su técnica y Elena está muy feliz de ver el progreso de su amiga. Pero mientras más se acercan a diciembre más es el tiempo que tiene que pasar ensayando; hasta que llega un punto en el que sólo puede verse con su amiga una vez a la semana para ir a la cafetería. Como sale tan cansada de los **ensayos** ya no quiere saber nada del baile, por lo que prefieren hablar de otros temas.

Como estudian en colegios diferentes siempre pueden hablar de todo lo que sucede en ambas instituciones. Siempre están haciendo planes para convencer a sus madres de que les permitan estudiar juntas, aunque desde que están en la academia han ido olvidando el tema.

A veces no hace falta ver a tu mejor amiga todos los días para poder tener una buena relación con ella, tanto Victoria como Elena se han podido dar cuenta de esto poco a poco. Tener la oportunidad de compartir una **actividad extracurricular** las ha ayudado a conectar la una con la otra y poder hablar más seguido, incluso si cuando se reúnen no mencionan el **tema** de la danza.

Victoria no podrá participar en el evento de navidad porque es **demasiado** novata, pero está feliz de saber que podrá acompañar a Elena como **espectadora**, además de que podrá tomarle las mejores fotos. Los eventos de diciembre son los mejores de la compañía. Victoria no puede esperar el día en que sea su turno de bailar frente a todos.

Resumen: Elena, una joven de 15 años que tiene experiencia con la danza, convence a Victoria de entrar a la academia de danza donde ella asiste desde hace 5 años. Victoria es la mejor amiga de Elena y se siente muy feliz de ver lo talentosa que es Elena. Esta historia relata el primer día de Victoria en la academia y cómo va cambiando la relación entre las amigas hasta diciembre, el día del evento de Navidad.

Summary: Elena, a 15-year-old girl who has experience with dance, convinces Victoria to enter the dance academy where she has been attending for 5 years. Victoria is Elena's best friend, and she is very happy to see how talented Elena is. This story tells Victoria's first day at the academy and how the relation changes between the friends until December, the day of the Christmas event.

Lista de Vocabulario

- Convertirse - To become, to turn into
- Solista - Soloist
- Mejor amiga - Best girlfriend
- Cuerpo - Body
- Demostraciones - Demonstrations
- Centro Comercial - Mall
- Postre - Dessert
- Conversar - To talk, to chat, to have a conversation (infinitive)
- Terminología - Terminology, vocabulary
- Principiante - Beginner
- Semana - Week
- Ayudar - To help (infinitive)
- Retribuir - To give back (infinitive)
- Ensayos - Rehearsals
- Actividad extracurricular - Extracurricular activities
- Tema - Topic, subject
- Demasiado - Too much
- Espectadora - Spectator, viewer

Preguntas

1. ¿De dónde son Elena y Victoria?
    a) Chile
    b) Perú
    c) Colombia
    d) Venezuela

2. ¿Cuál es el postre que comen Elena y Victoria?

   a) Manjar blanco
   b) Dulce de lechosa
   c) Quesillo
   d) Papayas confitadas

3. ¿Qué días son las clases de Victoria?

   a) Martes, jueves y sábados
   b) Miércoles, viernes y domingos
   c) Lunes, miércoles y viernes
   d) Jueves, viernes y sábados

4. ¿A dónde suelen ir Elena y Victoria después de los ensayos?

   a) A sus casas
   b) A la cafetería
   c) A la parada del bus
   d) Al colegio

5. Al principio, ¿cuántas veces a la semana van Elena y Victoria a la cafetería?

   a) Una vez
   b) Dos veces
   c) Tres veces
   d) Cuatro veces

Respuestas

1. Where are Elena and Victoria from?

A: Chile

2. What is the dessert that Elena and Victoria eat?

D: Papayas confitadas - Candied papayas

3. What days are Victoria's classes?

C: Lunes, miércoles y viernes - Monday, Wednesday, and Friday

4. Where do Elena and Victoria usually go after rehearsals?

B: A la cafetería - To the coffee shop

5. At first, how many times a week do Elena and Victoria go to the coffee shop?

B: Dos veces - Twice

Historia 5

Esperando el correo - Waiting for the mail

Carlos tiene 40 años y ha trabajado en la misma empresa de **bienes raíces** por más de 15 años. Ninosca, la **esposa** de Carlos, tiene 37 años y trabaja desde hace 12 años en la escuela primaria de la zona. Ambos trabajan mucho y sólo tienen oportunidad de compartir tiempo juntos los **fines de semana**, donde hasta las actividades más pequeñas y **triviales** son divertidas.

Hoy es sábado, son las 8:30 de la mañana y tienen 10 minutos esperando que llegue el correo, ya que compraron ropa **en línea** por primera vez y debía llegar hoy. La **ropa** la va a traer la empresa Servicios Postales de Perú, que es la empresa nacional de correos, por lo que conocen bien los días de entrega. Quizás no siempre llega a la misma hora, pero saben que los sábados en la mañana siempre pasa un **camión** de correos frente a su casa.

Decidieron comprar ropa en línea porque todos sus amigos les han contado lo rápido y fácil que es, pero nunca se habían animado porque no se sentían cómodos intentándolo; principalmente porque no les gusta demasiado la tecnología, pero debido al trabajo de ambos tuvieron que buscar una solución que no les quitara demasiado tiempo. Como compraron ropa en línea, podrán aprovechar el resto del fin de semana para salir juntos a conocer algún **sitio** nuevo.

Les gusta mucho salir a comer en restaurantes **elegantes,** pero también les gusta ir al **cine**, ir de paseo al parque y realizar actividades diferentes al aire libre. Por eso, no pueden esperar a conocer cuál será su siguiente aventura.

Mientras están sentados en la **mesa** de la cocina escuchan un **ruido** frente a la casa, y cuando Carlos se **asoma** por la **ventana** puede ver al trabajador del correo dejar un paquete frente a sus puertas. Rápidamente le dice a Ninosca lo que está pasando, y ambos salen a ver qué es lo que les ha dejado el correo. El **paquete** no tiene una forma fácil de **identificar**, por lo que deciden entrar y destaparlo para ver si han recibido el paquete correcto.

Dentro del paquete está la ropa de ambos y están muy felices de ver que su primer intento ha salido bastante bien. Ahora que por fin tienen la ropa, pueden probársela para ver que todo está en orden. La ropa de ambos llegó con la **talla** y el color correctos, por lo que podrán salir hoy en la noche con la ropa nueva, y están muy contentos al respecto.

Aprovechando que la compra en línea salió tan bien, deciden escoger el siguiente restaurante en línea también. Comienzan a buscar comida italiana cerca de la zona. La primera página les muestra los mejores sitios para comer comida italiana en la ciudad, y luego de conversar un par de minutos deciden escoger un sitio que queda a 25 minutos en carro. Luego de saber a dónde van a comer, comienzan a arreglarse para la **cena** de hoy.

Ninosca y Carlos se ponen la ropa que compraron hoy y están muy felices con los resultados de su primera compra. Ahorraron tiempo al no tener que salir a comprar, pudieron escoger la ropa dentro de una gran variedad de opciones, y lo mejor de todo, todavía tienen el resto del fin de semana para divertirse.

En cuanto están listos y satisfechos con sus **vestimentas**, salen de la casa y se montan en el carro, verifican una última vez la **dirección** y comienzan a conducir al restaurante italiano que escogieron. Luego de 25 minutos manejando llegan a su destino, y se sorprenden de ver que el lugar es exactamente como lo describió el sitio web. Están cada vez más felices de realizar actividades en internet, y saben que la próxima vez que tengan que comprar algo intentarán hacerlo a través de la computadora.

Escogen la especialidad de la noche y están muy felices al darse cuenta de que la comida también es bastante rica, pero luego de conversar un poco se dan cuenta de que les habría gustado ir al mismo restaurante de siempre.

Así es como se dieron cuenta de que internet los ayudó a comprar la ropa mucho más rápido, pero no significa que tengan que solucionar todo a través de esta herramienta, ya que algunas veces ir al restaurante de siempre es la mejor opción.

Resumen: Carlos y Ninosca son una pareja muy feliz. Ambos trabajan mucho y tienen poco tiempo para compartir, por eso aprovechan los fines de semana para hacer cosas juntos. Aunque Carlos y Ninosca no se llevan muy bien con la tecnología, deciden hacer el intento de comprar algo en línea para experimentar. Se dan cuenta que pueden ahorrar mucho tiempo si compran de esa manera, y así tendrán más tiempo para divertirse.

Summary: Carlos and Ninosca are a very happy couple. They both work a lot and have little time to share, so they take advantage of the weekends to do things together. Although Carlos and Ninosca don't get along very well with technology, they decide to try buying something online to experiment. They find that they can save a lot of time if they shop this way, so they have more time to have fun.

Lista de Vocabulario

- Bienes raíces - Real estate
- Esposa - Wife
- Fines de semana - Weekends
- Triviales - Trivial (plural)
- En línea - Online
- Ropa - Clothes
- Camión - Truck
- Sitio - Place, location, spot
- Elegantes - Elegant, stylish, fancy (plural)
- Cine - Cinema, Movie theater
- Mesa - Table
- Ruido - Noise
- Asoma - To lean out (third person singular)
- Ventana - Window
- Paquete - Package
- Identificar - To identify (infinitive)
- Talla - Size
- Cena - Dinner
- Vestimentas - Outfits
- Dirección - Address

Preguntas

1. ¿En qué trabaja Carlos?

    a) Bienes raíces
    b) Petróleo
    c) Comerciante
    d) Tecnología

2. ¿Qué compraron Carlos y Ninosca por Internet?

    a) Juguetes
    b) Ropa
    c) Celulares
    d) Comida

3. ¿En qué tipo de vehículo le llevaron el paquete a Carlos y Ninosca?

    a) Barco
    b) Bicicleta
    c) Carro
    d) Camión

4. ¿Qué tipo de comida compraron Carlos y Ninosca?

    a) Comida china
    b) Comida árabe
    c) Comida italiana
    d) Comida peruana

5. ¿Cuántos años tienen Carlos y Ninosca?

    a) Cuarenta y treinta y siete (40 & 37)
    b) Veintisiete y Veintidós (27 & 22)
    c) Treinta y cinco y Treinta y dos (35 & 32)
    d) Cincuenta y dos y Cuarenta y cinco (52 & 45)

Respuestas

1. What does Carlos do for a living?

A: Bienes raíces - Real estate

2. What did Carlos and Ninosca buy online?

B: Ropa - Clothes

3. What type of vehicle delivered the package to Carlos and Ninosca?

D: Camión - Truck

4. What type of food did Carlos and Ninosca buy?

C: Comida italiana - Italian food

5. How old are Carlos and Ninosca?

A: Cuarenta y treinta y siete (40 & 37) - Forty & Thirty-seven years old.

Historia 6

Un gran vínculo - A great bond

Ricardo tiene 45 años y uno de sus pasatiempos favoritos es la **jardinería**. Lo que más le gusta es poder **cosechar** sus propias **verduras**. Tiene un gran **patio** en su casa donde siembra varios tubérculos y hortalizas, y siempre está pendiente de que sus plantas tengan la cantidad perfecta de agua, sol y **abono**.

Ricardo es tan bueno en la jardinería gracias a su papá, Ramón, que ya tiene 70 años y también tiene su propio jardín donde cosecha frutas y verduras. Ramón es hijo de una gran familia de la región rural de Ecuador, en donde tenían por **costumbre** cosechar parte de sus alimentos, así como también tener animales para el consumo de la familia, como **gallinas** y **chivos**. Para Ramón fue muy difícil adaptarse a la gran ciudad, así que cuando se mudó a Quito lo primero que hizo fue comenzar a **trabajar** en su propio jardín.

Ramón trabajaba **incansablemente** para poder mantener su jardín y aunque trabajaba mucho todos los días, siempre llegaba del trabajo a dedicarle por lo menos media hora, en donde Ricardo lo ayudaba en lo que podía. Ramón siempre hizo todo lo posible por enseñarle a sus hijos todo lo que sabía sobre cosechar alimentos, pero Ricardo fue el único de sus hijos que de verdad prestó atención.

Para Ricardo lo más difícil de tener un jardín es poder encontrar tiempo para atenderlo, pero sabe que todo el **esfuerzo** vale la pena porque cada vez que su papá lo va a visitar, lo primero que hace es felicitarlo por su jardín, así que siempre hace un esfuerzo extra para verificar que todas sus plantas estén bien.

Desde hace algunos años Ramón no puede salir de su casa, lo que es normal para un hombre de su edad, pero esto no impide que Ricardo escoja las mejores frutas y verduras de su propio jardín y se las lleve a su padre. Cada sábado, Ricardo va a casa de Ramón, conversa un rato con él, le cuenta cómo está su jardín y Ramón siempre lo escucha atentamente.

Ya Ramón no puede atender personalmente su jardín, y Ricardo, su hijo, tampoco tiene tiempo para ir todos los días a verificar que todo esté en orden, por lo que **contrató** un jardinero para este trabajo; pero tuvo especial cuidado de buscar a alguien de la ciudad natal de su papá para **garantizar** que todo siempre esté siendo cuidado de la mejor manera.

Aunque Ramón no pueda cuidar su jardín con sus propias manos, hace un gran esfuerzo todas las mañanas por salir a verificar que todo esté en orden, y a ver cómo sigue creciendo su jardín. Ricardo sabe que su padre está cada día más viejo, por lo que intenta ayudarlo en todo lo que puede, principalmente al momento de cuidar el jardín.

La comida del jardín siempre sabe mejor que la del **supermercado**, por lo que Ricardo le pone tanto empeño a cosechar lo que más pueda en su jardín; pero también sabe que lo hace porque le recuerda a su papá, y eso también es bueno para **alimentar** el corazón. Además, Ricardo sabe que su papá se daría cuenta si un día le llevan fruta de otro sitio que no sea de su jardín.

Cosechar en el jardín requiere de mucho tiempo y esfuerzo, pero los momentos que se forman alrededor del jardín valen la pena, así como la comida deliciosa que se puede hacer con las verduras cosechadas. Ricardo siempre le estará agradecido a su papá por todos los conocimientos que ha recibido de él, igualmente Ramón siempre estará agradecido de que su hijo se preocupe tanto por el jardín.

Es por esto que el tiempo en el jardín es tan bueno, principalmente porque les permite a un padre y a un hijo comunicarse sin palabras, demostrar amor, interés y preocupación por el otro. No todos tienen espacio en su casa para cosechar comida, pero a veces no hace falta mucho para lograr un cambio.

Ahora quizás Ramón no pueda cuidar su propio jardín, pero se encargó de entregarle todo el conocimiento a Ricardo para que supiera lo importante que es dedicarle un poco de tiempo a cosechar frutas y verduras, y eso es mucho más de lo que imaginó cuando comenzó a trabajar su propio jardín.

Resumen: Ricardo es un hombre que ama la jardinería. Este pasatiempo no vino de la nada, sino que fue inculcado por su padre, Ramón, cuando Ricardo era pequeño. La historia enseña la importancia de tener un vínculo, un lugar donde dos personas pueden trabajar y demostrarse amor, cariño, afecto y esfuerzo el uno por el otro. Ricardo y su padre tienen este vínculo gracias a la jardinería.

Summary: Ricardo is a man who loves gardening. This hobby did not come from nowhere, but it was instilled by his father, Ramón, when Ricardo was little. The story teaches the importance of having a bond, a place where two people can work and show love, care, affection, and effort to each other. Ricardo and his father have this bond thanks to gardening.

Lista de Vocabulario

- Jardinería - Gardening
- Cosechar - To harvest (infinitive)
- Verduras - Vegetables
- Patio - Yard
- Abono - Fertilizer
- Costumbre - Custom, habit
- Gallinas - Hens
- Chivos - Goats
- Trabajar - To work
- Incansablemente - Untiringly
- Esfuerzo - Effort
- Contrató - To hire (in the past form)
- Garantizar - To guarantee
- Supermercado - Supermarket, grocery store
- Alimentar - To feed, to nourish (infinitive)

Preguntas

1. ¿Cuál es el pasatiempo favorito de Ricardo?
   a) Nadar
   b) Jugar fútbol
   c) Esquiar
   d) La jardinería

2. ¿Qué animales tenía Ramón?
   a) Gallinas y chivos
   b) Vacas y puercos
   c) Perros y gatos
   d) Peces y canarios

3. ¿Qué día va Ricardo a casa de Ramón?

   a) Los lunes
   b) Los domingos
   c) Los sábados
   d) Los jueves

4. ¿A quién contrató Ricardo?

   a) A un cuidador
   b) A un plomero
   c) A un electricista
   d) A un jardinero

5. ¿A qué ciudad de Ecuador se mudó Ramón?

   a) Cuenca
   b) Quito
   c) Guayaquil
   d) Ibarra

Respuestas

1. What is Ricardo's favorite hobby?

D: La jardinería - Gardening

2. What animals did Ramón have?

A: Gallinas y chivos - Hens and goats

3. What day does Ricardo visit Ramón?

C: Los sábados - Saturdays

4. Who did Ricardo hire?

D: A un jardinero - A gardener

5. To which city in Ecuador did Ramón move?

B: Quito

Historia 7

Una familia unida - A close family

Belisa tiene 30 años y siempre pide permiso en el trabajo para salir un poco antes los viernes, ya que ese es el día en que la familia hace las compras de la semana. Ese día, Alí, el **esposo** de Belisa, también pide permiso en el trabajo. Belisa y Alí tienen dos hijos, Carlitos de 6 años y Diana de 4 años. Los 4 integrantes de la familia aprovechan los viernes de compras para poder salir juntos y **divertirse** un poco.

Al pequeño Carlitos le encanta ir de compras con sus padres ya que así puede **escoger** su cereal favorito, que es de chocolate y **fresa**, aunque a veces tienen que escoger el de frutas porque es el favorito de Diana. Belisa y Alí prefieren realizar las compras juntos ya que así pueden estar pendientes de los niños, comprar todo lo que hace falta en la casa el mismo día y además pueden compartir un poco juntos.

Todos los integrantes de la familia son argentinos y viven actualmente en Buenos Aires, la capital. Luego de terminar las compras de la semana vuelven a la casa y comienzan a realizar las actividades del **hogar**. Hacen todo lo posible por **limpiar** todos juntos, aunque a veces llegan muy cansados de hacer las compras y prefieren ver una película en la sala.

Belisa y Alí son una pareja muy unida y son muy felices juntos, pero lo que más disfrutan es poder ver a sus hijos crecer fuertes y sanos, y es por eso por lo que hacen todo lo posible por encontrar actividades para realizar en familia; ya que así pueden sacarle el máximo provecho al poco tiempo que tienen para compartir.

Cada semana que salen a realizar la compra juntos tienen oportunidad de conversar con sus hijos, saber más sobre sus gustos personales y preguntarles por sus actividades en el colegio. La pequeña Diana todavía no habla correctamente, pero de todas formas intenta comunicarse, en cambio Carlitos es cada vez más **elocuente**, así que es capaz de explicar sus ideas con mayor claridad.

A veces Belisa no puede salir a tiempo del trabajo y Alí tiene que realizar las compras solo, esos días extraña mucho a su esposa. Otras veces es Alí quien no puede conseguir el permiso y le toca a Belisa encargarse de los asuntos del hogar, pero pase lo que pase Belisa y Alí no dejan de ser un equipo, que es lo más importante dentro de la dinámica familiar.

Hacer las compras de la semana es importante, pero lo más importante de todo es poder compartir en familia, y eso es exactamente lo que intentan Belisa y Alí, para que cuando sus hijos crezcan puedan ver todo lo que implica ser una familia unida.

No siempre es fácil, pero con un poco de esfuerzo es posible tener una buena **rutina** que incluya a toda la familia, especialmente cuando tanto Belisa como Alí ponen de su parte. Hacer las compras en familia es una de las mejores rutinas de la casa y es además la más importante.

Cuando Alí no puede salir a tiempo del trabajo siempre intenta comunicarse con Belisa para que no lo esperen y comiencen a hacer las compras de inmediato. Siempre es **difícil** tener que cancelar los planes, pero a veces el trabajo no permite salir a tiempo. Del mismo modo, hay días en los que Belisa tiene otras **responsabilidades** que atender, pero siempre se mantienen comunicados para poder solucionar los problemas lo más pronto posible.

Las compras de la casa pueden ser un tema tonto para muchos, pero esta familia conoce su importancia y se preocupa por lograrlo, para que Carlitos pueda escoger su cereal favorito y para que Diana pueda conocer el mundo poco a poco.

Belisa y Alí tienen muchas rutinas dentro del hogar porque quieren ofrecerles un excelente **ejemplo** a sus hijos, pero además porque quieren seguir siendo una pareja **fuerte** incluso cuando tienen poco tiempo para estar solos. A medida que los niños vayan creciendo serán **capaces** de ver todo el esfuerzo de sus padres, pero mientras tanto será la **constancia** y la **perseverancia** lo que les permita crecer con buenos ejemplos. Las compras de la casa pueden ser más que suficiente cuando hay amor y **voluntad**, además te permite escoger el mejor cereal.

Resumen: Belisa, Alí, Carlitos y Diana son los miembros de una familia argentina que tiene una peculiaridad. Ellos hacen sus compras juntos todos los viernes. Es un hábito que no debe romperse y que los ayuda a estar unidos a pesar del poco tiempo que pasan juntos. La historia se trata sobre compartir un tiempo de calidad, comunicarse y hacer los esfuerzos necesarios para mantener la familia unida.

Summary: Belisa, Alí, Carlitos and Diana are the members of an Argentinian family that has a peculiarity. They go shopping together every Friday. It is a habit that should not be broken and that helps them to be united despite the little time they spend together. The story is about sharing quality time, communicating, and making the necessary efforts to keep the family together.

Lista de Vocabulario

- Esposo - Husband
- Divertirse - To have fun
- Escoger - To pick, to choose (infinitive)

- Fresa - Strawberry
- Hogar - Home
- Limpiar - To clean (infinitive)
- Elocuente - Eloquent, clever
- Rutina - Routine
- Difícil - Hard, difficult
- Responsabilidades - Responsibilities
- Ejemplo - Example, instance
- Fuerte - Strong
- Capaces - Capable
- Constancia - Constancy
- Perseverancia - Perseverance, persistence, constancy
- Voluntad - Will

Preguntas

1. ¿Cuántos integrantes tiene la familia?

    a) Dos
    b) Tres
    c) Cuatro
    d) Cinco

2. ¿En qué ciudad vive la familia?

    a) Buenos Aires
    b) Córdoba
    c) La Plata
    d) Mendoza

3. ¿Qué día va de compras la familia?

    a) Los sábados
    b) Los domingos

    c)   Los miércoles

    d)   Los viernes

4. ¿Cuál es la cualidad que define a Carlitos?

    a)   Amable

    b)   Hablador

    c)   Cariñoso

    d)   Elocuente

5. ¿Cuál es la actividad que más une a la familia?

    a)   Ir al parque

    b)   Ir de compras

    c)   Ver películas

    d)   Jugar videojuegos

Respuestas

1. How many members does the family have?

C: Cuatro - Four

2. In which city does the family live?

A: Buenos Aires

3. What day does the family go shopping?

D: Los Viernes - Fridays

4. What is the quality that defines Carlitos?

D: Elocuente - Eloquent

5. What is the activity that most unites the family?

B: Ir de compras - Go shopping

Historia 8

Una historia en la universidad -
A story in college

Miguel tiene 19 años y hoy es su primer día de clases. Entrar a la Universidad Nacional de Asunción no es fácil, por lo que Miguel ha estado trabajando mucho para lograrlo, ya que es la universidad más conocida de Paraguay. Alberto tiene 17 años y también tiene su primer día de clases. Está muy **nervioso,** pero sabe que en la universidad podrá conocer a personas nuevas y hacer nuevos amigos. Aunque tienen diferentes edades, las universidades en Latinoamérica siempre les dan la bienvenida a todos sin importar su edad, raza, religión, sexo o discapacidades. Sólo tienen que cumplir con sus estudios de la secundaria primero.

Miguel y Alberto no se conocen, pero les ha tocado el mismo **horario** en el primer **semestre**, por lo que se ven muy seguido en los **salones de clases**, y han comenzado a entablar una buena **amistad**. Miguel siempre ha vivido en Asunción, la capital de Paraguay, mientras que Alberto viene del **interior del país** y apenas va conociendo la ciudad.

Miguel siempre supo que quería estudiar en la Universidad Nacional de Asunción, por lo que su primer día de clases fue un **sueño** hecho realidad, mientras que Alberto escogió la universidad sin prestar demasiada atención al asunto. Cuando Alberto y Miguel se conocieron fue muy difícil para ellos entender el pensamiento del otro, sin embargo, luego de conversar un poco pudieron entenderse un poco mejor y a medida que pasa el tiempo y son capaces de avanzar en las clases comienzan a entenderse cada vez más.

Además, dado que se ven todos los días en clase han podido ir encontrando más cosas en común, aunque no tengan las mismas intenciones a futuro. Miguel quiere hacer un postgrado en Uruguay en cuanto termine su carrera, mientras que Alberto quiere devolverse a su ciudad natal en cuanto termine de estudiar. Y aunque en apariencia no compartan demasiadas ideas, pronto han comprendido que la amistad no significa querer hacer exactamente las mismas cosas.

Miguel es muy bueno en las materias prácticas y siempre está practicando en casa, mientras que Alberto se desenvuelve mejor en las materias teóricas, ya que le gusta **leer** todo lo que pueda sobre los temas que ve en clases. Por esta razón juntos han creado su propio grupo de estudio en la biblioteca. Cinco personas que ven las mismas materias se reúnen al finalizar las clases para repasar los temas que tendrán que presentar en los exámenes, todo bajo la **tutoría** de Miguel y de Alberto.

Los grupos de estudio son muy buenos para **comprender** temas difíciles. Lo mejor de todo es contar con personas que pueden explicar tanto la parte teórica como la parte práctica. Cada vez que terminan las jornadas de estudio todos los participantes del grupo se comprometen a seguir estudiando en casa, ya que es la única forma de poder **memorizar** todos los temas.

Cuando llega el primer examen del semestre, el grupo de estudio de Miguel y Alberto está bastante confiado en que sacarán **buenas notas**, pero no por eso deciden dejar de estudiar, ya que comprenden que lo más importante es la constancia y el esfuerzo para lograr ser buenos **estudiantes**.

Cuando por fin llegó el primer examen, Miguel, Alberto y el resto del grupo de estudios sacaron muy buenas notas, así que decidieron salir a celebrar al cafetín de la universidad. Todos estaban muy felices de haber sido capaces de **aprobar** el primer examen y querían celebrar en grupo.

El grupo de estudio sabe que no se trata de tener talento innato sino de aprovechar el tiempo para estudiar y esforzarse de forma constante, ya que, si hubieran dejado todo para última hora, probablemente no habrían podido aprender toda la información y habrían **reprobado** el primer examen.

Ahora que saben lo **eficaz** que es estudiar en grupo, saben que continuarán reuniéndose después de clases a estudiar, pero esta vez habrá más **participación** del resto de los estudiantes. Miguel sigue siendo muy bueno en la práctica y Alberto también sigue siendo muy bueno en la teoría; pero siempre es bueno darle **oportunidades** a los demás integrantes del grupo para poder ayudar a que todos se sientan confiados de sus conocimientos.

La universidad puede ser un lugar difícil al principio, pero con la compañía correcta y un buen plan de estudios es posible aprobar sin problemas. No es necesario competir con todos los estudiantes, ya que la mejor forma de aprobar es teniendo compañeros y grupos de estudios que se preocupan de que todo salga bien, así como lo hacen Miguel y Alberto.

Resumen: Miguel y Alberto son dos estudiantes de la Universidad Nacional de Asunción, una de las universidades más importantes de Paraguay. Ellos no se conocen, pero debido a que estudian la misma carrera, eventualmente se hacen amigos y crean un grupo de estudio. Con el pasar del tiempo, se dan cuenta que ese grupo de estudio sirvió para aprovechar lo mejor que cada uno tiene para dar, y así fortalecer las debilidades de sus otros compañeros. Esta historia habla del compañerismo y trabajo en equipo para alcanzar nuestras metas.

Summary: Miguel and Alberto are two students at the National University of Asunción, one of the most important universities in Paraguay. They don't know each other, but because they study the same degree, they eventually become friends and create a study group. Over time, they realized that this study group served to take advantage of the best each one has to give and thus strengthen the weaknesses of their other classmates. This story speaks of camaraderie and teamwork to achieve our goals.

Lista de Vocabulario

- Nervioso - Nervous
- Horario - Schedule
- Semestre - Semester
- Salones de clases - Classrooms (plural)
- Amistad - Friendship
- Interior del país - Mainland, country's inland
- Sueño - Dream, goal
- Leer - To read (infinitive)
- Tutoría - Tutorship
- Comprender - To comprehend, to understand (infinitive)
- Memorizar - To memorize (infinitive)
- Buenas notas - Good grades (buenas - good ; notas - grades)
- Estudiantes - Students
- Aprobar - To pass, to approve, to be approved (infinitive)
- Reprobado - Failed (to fail, infinitive)
- Eficaz - Effective
- Participación - Participation
- Oportunidades - Opportunities

Preguntas

1. ¿Qué semestre están cursando Miguel y Alberto?

    a) Primer semestre
    b) Segundo semestre
    c) Tercer semestre
    d) Cuarto semestre

2. ¿Cuántas personas hay en el grupo de estudio de Miguel y Alberto?

    a) Cuatro personas
    b) Cinco personas
    c) Seis personas
    d) Siete personas

3. ¿Dónde se reúne el grupo de estudio?

    a) En la cancha
    b) En la oficina del director
    c) En el salón
    d) En la biblioteca

4. ¿Cuántos años de diferencia hay entre Miguel y Alberto?

    a) Cinco años
    b) Tres años
    c) Dos años
    d) Un año

5. ¿Dónde celebraron Miguel, Alberto, y el resto del grupo después de pasar el primer examen con buenas notas?

    a) En el salón de clases
    b) En la calle
    c) En la casa de un compañero
    d) En el cafetín

Respuestas

1. What semester are Miguel and Alberto studying?

A: Primer semestre - First semester

2. How many people are in Miguel and Alberto's study group?

B: Cinco personas - Five people

3. Where does the study group meet?

D: En la biblioteca - In the library

4. How many years apart are there between Miguel and Alberto?

C: Dos años - Two years

5. Where did Miguel, Alberto, and the rest of the group celebrate after passing the first exam with good grades?

D: En el cafetín - In the cafeteria

Historia 9

Sofía y su mejor amigo Pepe - Sofia and her best friend Pepe

Sofía tiene 24 años y vive en Ciudad de México. Todos los días después de salir de clases, Sofía saca a **pasear** a su **perro** Pepe al parque, en donde puede **escuchar música** o algún podcast mientras camina. Sofía sabe que a Pepe le encanta salir al parque, y es por eso que incluso en los días que se siente más **cansada** saca energía de donde no la tiene y decide salir, ya que sabe que la **felicidad** de su perrito valdrá la pena.

Además, Sofía sabe que si no saca a pasear a Pepe entonces no podrá estar tranquila en su casa, ya que los perros conocen de rutinas y pueden notar cuando algo cambia. Sofía tiene a Pepe desde hace más de 8 años y aunque sabe que son buenos números, no puede evitar sentirse triste al pensar en que algún día Pepe podría dejar de estar, principalmente porque su rutina es muy especial.

El parque al que van Pepe y Sofía queda relativamente cerca de la casa, por lo que siempre van **caminando**. Eso se siente como un paseo antes del paseo para su **mascota**, que va dando saltos y agitando la colita desde que le ponen su **chaleco**. Pepe es un perro mediano, de color **blanco** y **negro** y con pelo lacio. En la escuela, todas las amigas de Sofía le decían que Pepe es nombre de loro, pero ella supo desde el primer día que Pepe era el nombre perfecto para su perro.

La rutina de Pepe no implica solamente ir al parque sino que además va una vez al mes a la **peluquería canina** y también una vez cada tres meses al **veterinario**. Lo bueno de ir todos los días al parque es que Pepe nunca sabe cuándo será el día de bañarse, y para cuando se da cuenta de que no están yendo al parque ya es demasiado tarde para resistirse.

A Sofia le da tristeza llevar a Pepe al veterinario porque cada vez que lo inyectan o le sacan sangre para hacer estudios Pepe se asusta mucho, pero también sabe que esta es la única forma de mantenerlo **sano** y estable, además, es lo que le ha permitido vivir tantos años.

Ocho años no es demasiado en años humanos, pero como los perros gastan mucha más energía que los humanos también envejecen más rápido. Por eso, 8 años humanos representan 65 años para Pepe, y eso ya es decir mucho. Pepe es prácticamente un anciano, las canas no se le notan tanto en el pelaje porque en la mitad blanca no es posible diferenciarlas, y en la mitad negra apenas hay algunos manchones.

Las mascotas son las mejores amigas que un niño puede tener y poder envejecer junto a ellas es lo más lindo, ya que las rutinas se convierten en la mejor parte del día. Sofía va a clases todos los días, eso es una rutina, pero la escuela no la hace sentir tan feliz como salir a pasear con Pepe, conversar con las personas del parque, escuchar música y distraerse un poco.

Lo mejor de ir al parque todos los días es poder estar al tanto de las actividades de la **comunidad**. Este sábado es un día muy especial porque todas las mascotas están invitadas a un evento patrocinado por las mejores **marcas** de comida canina, así que hay muchos perritos de todos los tamaños.

Los dueños de perros son el mejor tipo de persona, ya que saben exactamente lo que significa tener una mascota y pueden conversar en todo momento sobre visitas al veterinario, comida especial y tiempo en el parque.

Sofía ama hablar sobre Pepe con todos sus amigos, pero sabe que otros dueños de perros son la mejor compañía para buscar consejo sobre el mejor medicamento contra las **pulgas**, por ejemplo, y un evento diseñado especialmente para reunir perritos en el parque es el mejor día.

Quizás tener un perrito implique mucho esfuerzo, tiempo y **dedicación,** pero Sofía sabe que su pequeño Pepe se merece todo eso y más, ya que alegra sus días y la acompaña todo el tiempo. Además, llevar a Pepe de paseo al parque también le permite tomar tiempo para ella. Las personas piensan que le hacen un favor a sus mascotas, cuando la verdad es que las mascotas les cambian la vida a sus dueños, y eso es lo mejor de todo.

Resumen: Sofía es una joven que tiene un amigo muy especial. Su nombre es Pepe. Pepe es un perro que ha acompañado a Sofía por mucho tiempo, juntos tienen varias rutinas, entre ellas, ir al parque todos los días. Ir al parque no es lo único que estos inseparables amigos hacen juntos, pero es la cosa más importante. Esta historia habla de la importancia de las mascotas en nuestras vidas, de cómo los cuidamos, les ofrecemos atención y amor, y cómo ellas son recíprocas con nosotros.

Summary: Sofía is a young woman with a very special best friend named Pepe. Pepe is a dog that has accompanied Sofía for a long time, and together, they have several routines, including going to the park every day. Going to the park is not the only thing these inseparable friends do together, but it is the most important thing. This story talks about the importance of pets in our lives, how we take care of them, offer them attention and love, and how they reciprocate with us.

Lista de Vocabulario

- Pasear - To take a walk
- Perro - Dog
- Escuchar música - To listen to music
- Cansada - Tired (feminine)
- Felicidad - Hapiness
- Caminando - Walking (gerund)
- Mascota - Pet
- Chaleco - Vest
- Blanco - White
- Negro - Black
- Peluquería canina - Dog grooming place
- Veterinario - Veterinary
- Sano - Healthy
- Comunidad - Community
- Marcas - Brands
- Pulgas - Fleas
- Dedicación - Dedication

Preguntas

1. ¿Cada cuánto tiempo saca Sofía a su perro?
    a) Una vez a la semana
    b) Dos veces a la semana
    c) Tres veces a la semana
    d) Todos los días

2. ¿Cómo se llama la mascota de Sofía?

   a) Fido
   b) Firulais
   c) Pepe
   d) Bizcocho

3. ¿Cuántos años tiene Pepe junto a Sofía?

   a) Tres años
   b) Cinco años
   c) Ocho años
   d) Diez años

4. ¿A dónde va Sofía con Pepe todos los días?

   a) Al veterinario
   b) Al parque
   c) A la piscina
   d) A la peluquería

5. ¿De qué tamaño es Pepe?

   a) Mediano
   b) Pequeño
   c) Grande
   d) Gigante

Respuestas

1. How often does Sofía take her dog out?

D: Todos los días - Every day

2. What is the name of Sofia's pet?

C: Pepe

3. How many years have Pepe and Sofía been together?

C: Ocho años - Eight years

4. Where does Sofia go with Pepe every day?

B: Al parque - To the park

5. How big is Pepe?

A: Mediano - Medium

Historia 10

Entrenar en el gimnasio - Training at the gym

Kendry está caminando **apresurado** hacia la **parada** de autobuses porque se le ha hecho tarde para su **entrenamiento** del día de hoy. Kendry tiene 20 años y ha estado entrenando constantemente durante los últimos 2 años porque tiene **intenciones** de convertirse en un corredor profesional. Desde hace 6 meses ha comenzado a entrenar con Salomé, una amiga de la universidad, eso les ha permitido a ambos ser más constantes en sus entrenamientos, pero el día de hoy se le ha hecho tarde.

En cuanto Kendry llega a la parada del Transmilenio, la red de autobuses de la ciudad saca su teléfono para avisarle a Salomé de su **retraso**, pero se encuentra con que ella ya le ha escrito un mensaje. Le escribe explicándole que llegará en aproximadamente 45 minutos y le pide **disculpas** por el retraso. Poco tiempo después recibe una respuesta indicándole que no hay problema y que lo esperará en el gimnasio.

Al poco tiempo, Kendry ve llegar el autobús y comienza su **trayecto** hacia el gimnasio. Durante el viaje va contando los **árboles** que ve al pasar, ya que así puede distraerse un poco. Veinte minutos después llega a su parada y **rápidamente** camina hacia el gimnasio para buscar a Salomé, la encuentra en una silla frente al establecimiento. Este es un gimnasio muy interesante ya que hay una sección de espera para los **invitados**, es un sitio muy cómodo para esperar sin interrumpir a los otros usuarios del gimnasio.

Salomé lo saluda con entusiasmo y le dice que ya ha notificado cuál será la rutina del día de hoy, así que sin perder más tiempo se van a cambiar de ropa para ponerse su ropa de entrenamiento. En cuanto están listos comienzan a hacer **calentamientos** para acondicionar los músculos y 5 minutos después comienzan formalmente a entrenar.

Los **deportistas** requieren de un entrenamiento completo para poder mantener su cuerpo en las mejores condiciones. Por eso, Kendry y Salomé han estado entrenando constantemente durante los últimos 6 meses, ya que de esta manera pueden mejorar su condición física en el menor tiempo posible. También han conversado con el nutricionista del gimnasio, que les ha recordado que lo más importante al momento de hacer ejercicios es incluir una dieta balanceada que les permita recibir todos los nutrientes que necesitan para mantener su cuerpo en forma.

Encontrar el mejor balance entre la dieta y el ejercicio es la única forma de convertirse en un corredor profesional. Por esta razón, que ambos se han esforzado tanto para lograrlo. Además de ejercitar en el gimnasio 3 veces por semana, cada uno se dedica a **trotar** diariamente cerca de su casa.

Salomé vive en un **edificio** y aprovecha el espacio libre que se encuentra en el estacionamiento para poder trotar, mientras que Kendry tiene que caminar al parque que queda cerca de su casa y allí trota cada día. Ambos hacen esfuerzos diferentes que al final llegan a la misma meta, que es acondicionarse completamente para poder mejorar como corredores.

Salomé ha estado **investigando** en Internet y sabe que necesitan tener un entrenamiento constante para poder alcanzar sus metas, pero también sabe que no pueden esforzarse de manera exagerada, porque podrían exponerse a fracturas y **lesiones**, y eso los alejaría completamente de su meta. Ser un corredor profesional es un trabajo difícil que requiere de constancia y dedicación, y ambos se han esforzado para lograrlo.

Luego de 2 horas de entrenamiento que incluyó el ejercicio de todo el cuerpo, Kendry y Salomé se sintieron satisfechos y terminaron con el entrenamiento. Hoy es miércoles, así que no se volverán a ver hasta el viernes, pero están felices de haber podido entrenar hoy. Lo más importante es la constancia y a veces es posible que alguno de los dos pueda llegar un poco tarde al entrenamiento, pero no importa demasiado, ya que lo más importante es la meta final, ambos están de acuerdo en esforzarse al máximo.

Kendry se despide de Salomé y cada uno va a su casa a descansar y a comer una buena cena que les permita recuperar un poco las calorías que acaban de quemar. Luego de cenar, cada uno se pondrá sus ropas de deporte nuevamente y saldrá a correr para poder llegar a la meta lo más pronto posible.

Kendry y Salomé son capaces de conseguir cada una de sus metas deportivas gracias al gran trabajo realizado en cada entrenamiento, demostrando que el talento puede ser muy útil, pero no hay nada mejor que una buena rutina y la voluntad de ser mejores cada día. La constancia siempre da frutos.

Resumen: Kendry y Salomé son deportistas apasionados. Para ellos, los entrenamientos son indispensables y hacen parte de su rutina diaria. Además del entrenamiento, Kendry y Salomé cuidan mucho su dieta porque entienden que el mayor potencial que pueden alcanzar sólo lo alcanzarán si mantienen el balance entre dieta y entrenamiento. Esta historia relata la experiencia de ambos y señala la importancia de esforzarse para lograr nuestras metas.

Summary: Kendry and Salome are passionate athletes. For them, training is essential, and it is part of their daily routine. In addition to training, Kendry and Salomé take great care of their diet because they understand that the greatest potential they can reach will only be achieved if they maintain a balance between diet and training. This story tells the experience of both and it points out the importance of working hard to achieve our goals.

Lista de Vocabulario

- Apresurado - Hurried
- Parada - Bus stop
- Entrenamiento - Training
- Intenciones - Intentions
- Retraso - Delay, lateness
- Disculpas - Apologies
- Trayecto - Course, way, track, path
- Árboles - Trees
- Rápidamente - Quickly
- Invitados - Guests
- Calentamientos - Warm-ups
- Deportistas - Athletes, sportmen, sportwomen
- Trotar - To Jog (infinitive)
- Edificio - Building
- Investigando - Researching (gerund)
- Lesiones - Injuries

Preguntas

1. ¿Qué son Kendry y Salomé?

    a) Doctores
    b) Ingenieros
    c) Deportistas
    d) Licenciados

2. ¿Por cuánto tiempo han estado entrenando Kendry y Salomé?

    a) Por tres meses

    b) Por nueve meses

    c) Por dos meses

    d) Por seis meses

3. ¿Cómo se llaman los buses de la ciudad en esta historia?

    a) Yutong

    b) Transmilenio

    c) Fontur

    d) Trolebús

4. ¿Cuántas veces por semana entrenan juntos Kendry y Salomé?

    a) Una vez por semana

    b) Dos veces por semana

    c) Tres veces por semana

    d) Cinco veces por semana

5. ¿En dónde suele trotar Kendry?

    a) En el estacionamiento

    b) En el parque

    c) En la plaza

    d) En la calle

Respuestas

1. What are Kendry and Salome?

C: Deportistas - Athletes

2. How long have Kendry and Salomé been training?

D: Por seis meses - For six months

3. What are the city buses called in this story?

B: Transmilenio

4. How many times a week do Kendry and Salomé train together?

C: Tres veces a la semana - Three times a week

5. Where does Kendry usually jog?

B: En el parque - In the park

Historia 11

Aprendiendo a sumar - Learning to add up

Josué ha sido **maestro** de **primaria** durante los últimos 15 años y siempre ha dado clases en el mismo colegio. Josué está muy feliz con sus alumnos actuales, ya que ha visto que todos están siempre dispuestos a **aprender** algo nuevo. Por esta razón ha tenido que avanzar un poco más rápido el programa académico que de costumbre; pero esto no lo molesta demasiado ya que siempre es feliz de ver **alumnos** interesados en aprender y hace todo lo posible por poder acercar a sus estudiantes al conocimiento.

Josué es de la ciudad de Rosario, una ciudad de Argentina que queda cerca de la capital y que es además su ciudad natal. Josué nunca ha querido **vivir** en otra ciudad, pero ha disfrutado conociendo otras ciudades dentro de Argentina que le han permitido conocer más a **profundidad** su país, y que le han permitido **apreciar** excelentes espacios.

El día de hoy les toca ver más a profundidad los temas principales de matemáticas, luego de varias clases verificando que todos los alumnos conocen los números y cuál es el orden correcto al momento de **contar**, por fin es tiempo de aprender a **sumar**. El maestro Josué siempre se preocupa un poco al momento de dar esta clase, ya que puede ser un momento de aprendizaje difícil para sus alumnos, principalmente porque las matemáticas tienden a frustrar a los niños pequeños.

Para evitar **frustraciones**, Josué siempre procura explicar de forma lenta y precisa, comenzando por cifras bajas, para luego ir aumentando progresivamente hasta llegar a las sumas de dos cifras. En esta primera oportunidad, ha considerado oportuno **comenzar** mostrándole a sus alumnos diversos objetos e invitándolos a contar en voz alta, para que luego en sus hogares se les haga más sencillo; pero para su sorpresa, todos sus alumnos han logrado completar las sumas sin necesidad de ir contando los objetos uno a uno.

Para estar seguro de que sus alumnos realmente están entendiendo ha decidido esconder los objetos y comenzar a colocar las sumas directamente en el pizarrón. Los alumnos han sido capaces de seguir realizando las sumas sin la necesidad de usar el material de apoyo.

Josué está muy feliz en este momento y pausa para recordar que en efecto estos estudiantes han sido muy aplicados. Decide **culminar** la clase enviando algunos ejercicios para el hogar, pero además ha decidido enviar una carta de felicitación tanto para los padres como para sus alumnos, ya que siempre es bueno señalar los progresos grupales.

A la mañana siguiente Josué llegó al salón de clase para encontrarse con que sus alumnos han realizado todas las actividades sin problemas y que muchos padres le han enviado agradecimientos y felicitaciones por todo el proceso. Josué está muy agradecido por el **gesto**, pero sabe que la única forma de que los estudiantes avancen correctamente es a través del apoyo entre maestros y representantes, ya que así es posible entregar información a los niños en todo momento.

Los maestros siempre entregarán todas las herramientas a sus estudiantes, pero el apoyo de los padres siempre será la diferencia entre una buena educación y una excelente educación. Uno de los estudiantes, René, ha venido con un detalle especial para el salón, se trata de alfajores o macarrones, que es el postre típico de Argentina. Este está compuesto de dos galletas unidas por un relleno cremoso que puede ser de chocolate, dulce de leche, entre otros, además suele estar cubierto de chocolate o azúcar.

Este ha sido un excelente detalle y el maestro Josué ha decidido esperar hasta la hora del receso para entregarle a cada niño un alfajor. Este es el postre favorito de muchos argentinos, principalmente porque tiene un sabor **delicioso** y una textura muy divertida Además porque puede ser de cualquier color, rojo, verde, azul e incluso una combinación de varios colores. Asimismo, es un postre delicioso que no necesita de otro acompañante, ya que viene con su propio relleno.

Josué está satisfecho con el avance que han hecho sus estudiantes También está feliz de ver cómo los padres y representantes se ven incluidos en la educación de sus hijos, por eso y espera poder seguir apoyándolos en la medida de lo posible para verlos seguir avanzando.

Aprender a sumar puede ser visto como un **pequeño** paso en el proceso educativo, pero realmente es la base de las matemáticas; sin él, los niños jamás podrían avanzar. Esto más cada detalle enseñado en clase recibe la importancia que merece.

Resumen: Josué es un maestro de matemáticas muy comprometido con el aprendizaje de sus estudiantes. Josué tiene unos alumnos excelentes que siempre estudian mucho y entienden todo muy rápidamente. Esta historia habla de Josué y sus estudiantes, quienes junto a los representantes hacen el equipo perfecto para lograr una educación extraordinaria, sobre todo cuando de matemáticas se trata.

Summary: Josué is a math teacher who is very committed to his students' learning. Josué has some excellent students who always study hard and understand everything very quickly. This story talks about Josué and his students, who together with the representatives make the perfect team to achieve an extraordinary education, especially in mathematics.

Lista de Vocabulario

- Maestro - Teacher
- Primaria - Primary school
- Aprender - To learn
- Alumnos - Students
- Vivir - To live
- Profundidad - Depth
- Apreciar - To appreciate, to cherish, to estimate
- Contar - Count
- Sumar - To add up, to sum up
- Frustraciones - Frustrations
- Comenzar - To start, to begin
- Culminar - To finish, to conclude
- Gesto - Gesture
- Delicioso - Delicious
- Pequeño - Little, small, short

Preguntas

1. ¿Por cuántos años ha sido Josué maestro?
   a) Cinco años
   b) Siete años
   c) Doce años
   d) Quince años

2. ¿De qué materia es maestro Josué?

  a) Matemáticas
  b) Química
  c) Español
  d) Ciencias

3. ¿Qué tema están aprendiendo los alumnos de Josué?

  a) Multiplicación
  b) División
  c) Suma
  d) Resta

4. ¿De qué ciudad es Josué?

  a) Buenos Aires
  b) Mendoza
  c) Rosario
  d) Córdoba

5. ¿Cuál es el nombre del estudiante que llevó alfajores al salón?

  a) José
  b) René
  c) Juan
  d) Carlos

Respuestas

1. How many years has Joshua been a teacher?

D: Quince años - Fifteen years

2. What subject does Joshua teach?

A: Matemáticas - Mathematics

3. What topic are the students learning from Joshua?

C: Suma - Add ups

4. What city is Joshua from?

C: Rosario

5. What is the name of the student who brought macaroons to the classroom?

B: René

Historia 12

Clase de natación - Swimming class

Natalia es una joven de 15 años que vive en Asunción, la capital de Paraguay. Ella practica **natación** de forma semiprofesional. La natación es un deporte muy importante dentro del país y cuenta con una gran cantidad de participantes cada año. Lo mejor de este deporte es que todos pueden disfrutarlo, ya sea de forma profesional (generalmente entre los 7 y los 22 años) o de forma aficionada en cualquier **etapa** de vida. La natación es además una excelente herramienta ya que puede salvarle la vida a cualquiera.

La natación ha sido muy importante para Natalia desde hace casi 4 años, cuando les pidió a sus padres que la inscribieran en clases **profesionales** Desde entonces no ha dejado de practicar para convertirse en la mejor de su grupo. Practica de forma semiprofesional ya que sus padres no desean que ella dedique toda su vida a una sola actividad, esto es lo que le ha permitido tener un balance entre la natación, sus estudios y sus amigas.

Con apenas 15 años Natalia ha participado en varias **competencias** regionales y nacionales, ha ganado **medallas** de plata y de oro, cosa que la hace muy feliz y la motiva a seguir practicando; pero lo que más la anima a esforzarse tanto es el apoyo de sus padres, quienes la acompañan en cada competencia y cada exhibición en la que participa.

El día de hoy tiene una especie de prueba, ya que tiene que pasar un pequeño examen y demostrar que conoce los diferentes nombres de cada tipo de brazada que han practicado **recientemente**. Esto le permitirá a la entrenadora verificar que todos sus alumnos han estado prestando atención, además le permite **evaluar** individualmente la **técnica** de cada uno.

Cuando llegó el turno de Natalia, los nervios frente a una prueba la hicieron equivocarse las primeras veces, pero la entrenadora había estado evaluando a sus estudiantes los últimos días y sabía que ella era una buena estudiante, por lo que aprovechó este momento para hablar con ella y ofrecerle su apoyo, recordarle lo talentosa que es y para invitarla a volver a intentarlo.

En la segunda oportunidad Natalia **mejoró** muchísimo, respondió bien casi todas las preguntas y realizó los movimientos de forma correcta; pero lo más importante es que aumentó además su **confianza** personal, que es una de las herramientas más importantes de los atletas.

La natación puede ser difícil al principio, pero luego de años de experiencia el cuerpo se adapta y es capaz de hacer mejores cosas, ya que los músculos y las **articulaciones** se adaptan completamente a los movimientos. A partir de este momento lo más importante es la constancia, ya que es lo que permite mantener todo el progreso.

Al finalizar el entrenamiento los padres de Natalia vinieron a buscarla, conversaron un poco con la entrenadora y decidieron salir a comer **helado** para celebrar la **valentía** que tuvo Natalia al repetir la prueba a pesar de sus nervios. Esta siempre ha sido una costumbre familiar únicamente para las competencias y **eventos deportivos**, pero los padres decidieron hacer una excepción porque hay momentos importantes que no requieren de un evento formal.

A partir de ahora, Natalia tiene que decidir si desea continuar entrenando de forma semi profesional o si desea convertirse en una nadadora profesional, con metas mejor definidas y un futuro claro. Es **complicado** tomar una decisión tan difícil a los 15 años, pero luego de 4 años en natación la respuesta es bastante sencilla.

Natalia ha visto cómo entrenan los competidores profesionales, sabe que no desea ver la natación como una obligación sino como algo que la hace feliz, así como lo ha visto todo este tiempo, por lo que prefiere continuar entrenando de forma semi profesional hasta que culmine sus estudios de **secundaria**, ya después tendrá la oportunidad de intentarlo de forma profesional.

Además, lo mejor de todo es que si no logra sentirse cómoda en la natación profesional, e incluso en la semi profesional, siempre podrá mantener la natación como parte de su vida, ya que los que la practican de forma aficionada también tienen oportunidad de ver clases organizadas y completas, solo que sin la preocupación de tener que participar en todo tipo de competencias.

La natación es una de las habilidades más divertidas y saludables que existen, ya que es un deporte maravilloso que le permite a sus participantes divertirse y pasar un buen rato en la piscina. Natalia podrá continuar nadando de forma profesional o recreativa, ya que ambas son excelentes opciones para mantener una buena salud y para su vida en general.

Resumen: Natalia es una joven de quince años que practica natación desde hace 4 años. Natalia no sólo practica para mantenerse en forma o como pasatiempo, sino que lo hace de forma semi profesional y ha quedado campeona y subcampeona en algunas competencias regionales y nacionales. Esta historia relata un día muy importante para Natalia: cuando tuvo una de las pruebas más difíciles, pero salió victoriosa gracias a la confianza en sí misma. Una cualidad muy importante de los atletas y que ha sido infundida por su entrenadora y también a través del amor de sus padres.

Summary: Natalia is a fifteen-year-old girl who has been swimming for four years. Natalia not only practices to keep fit or as a hobby but also does it semi-professionally. She has been a champion and runner-up in some regional and national competitions. This story is about a very important day for Natalia when she had one of her most difficult tests, but she emerged victorious thanks to her self-confidence. An essential quality of athletes and one that has been instilled by her coach and through the love of her parents.

Lista de Vocabulario

- Natación - Swimming
- Etapa - Stage, Phase
- Profesionales - Professionals
- Competencias - Competitions
- Medallas - Medals, badges
- Recientemente - Recently
- Evaluar - To assess, to evaluate, to review
- Técnica - Technique
- Mejoró - Improved (To improve in past tense)
- Confianza - Confidence, trust
- Articulaciones - Joints
- Helado - Ice Cream
- Valentía - Courage, bravery
- Eventos Deportivos - Sport events
- Complicado - Complicated, complex, tangled
- Secundaria - High school

Preguntas

1. ¿Qué deporte practica Natalia?

    a) Fútbol
    b) Natación
    c) Voleibol
    d) Béisbol

2. ¿Qué medallas ha ganado Natalia?

    a) Oro y plata
    b) Plata y bronce
    c) Bronce y oro
    d) Oro y cobre

3. ¿Qué evalúa la entrenadora en esta historia?

    a) La técnica
    b) El conocimiento
    c) La resistencia
    d) La coordinación

4. ¿Qué está estudiando Natalia?

    a) La universidad
    b) El colegio
    c) La secundaria
    d) El kínder

5. ¿Qué cualidad le recordó la entrenadora a Natalia cuando estaba nerviosa?

    a) Esforzada
    b) Inteligente
    c) Paciente
    d) Talentosa

Respuestas

1. What sport does Natalia practice?

B: Natación - Swimming

2. What medals has Natalia won?

A: Oro y plata - Gold and silver

3. What does the coach evaluate in this story?

A: La técnica - Technique

4. What is Natalia studying?

C: La secundaria - High School

5. What quality did the coach remind Natalia of when she was nervous?

D: Talentosa - Talented

Historia 13

Aprendiendo a tocar piano - Learning how to play the piano

Tocar el piano es una de las actividades más **entretenidas** que una persona puede hacer, principalmente porque el piano es un instrumento elegante que suena bien y que permite crear melodías maravillosas; pero puede ser un pasatiempo costoso ya que el instrumento en sí mismo es grande y difícil de transportar, puede tener un precio bastante elevado y las clases son difíciles de conseguir. Por esta razón, Mateo tuvo que esperar hasta sus 42 años para cumplir su sueño de comenzar a tocar el piano. Al principio intentó ignorar sus sueños de aprender a tocar, y en algún momento de sus 30 y tantos años consideró la idea de **inscribirse** para una clase, pero la desechó de inmediato pensando que ya estaba demasiado **viejo**, sin embargo, nunca pudo sacarse esa idea de la **cabeza**.

Cada vez que pensaba en comenzar a tocar el piano algo ocurría y debía descartar nuevamente la idea. Estuvo a punto de darse por vencido hasta que a su ciudad natal llegó una **orquesta** sinfónica ofreciendo un gran **concierto**, el solista principal era un pianista **costarricense** reconocido que había vuelto al país para ofrecer una gran **gira**.

Su esposa decidió comprar las entradas para ambos en secreto y como regalo de aniversario lo llevó al concierto. Ahí Mateo comprendió que solo había estado **posponiendo** lo inaplazable, ya que en ningún momento su sueño de tocar el piano había disminuido, es más, podría pensar que incluso había ido en aumento con el paso del tiempo, así que sin perder más tiempo decidió inscribirse.

Al principio Mateo no estaba seguro de cuál debía ser su primer paso, no sabía si era mejor comprar un piano, contratar una clase o conversar con un **pianista** para solicitar su opinión; al final se decidió por contratar una clase personalizada con un instructor, con la finalidad de realizarle todas estas preguntas.

El instructor fue muy **amable** y le explicó todo sobre el mundo de los pianos, desde los mejores precios hasta las mejores marcas del mercado. También le ofreció un buen **itinerario** para comenzar a ver clases y en menos de una hora ya habían definido todos los puntos importantes.

Mateo compró un buen piano, no demasiado costoso ni demasiado grande, tuvo su primera clase la semana siguiente. Ahí, su profesor le explicó todos los conocimientos básicos que debía tener para poder sacar el máximo provecho de las clases, también le recomendó además asistir a clases comunitarias cerca del centro de la ciudad. De esa forma tendría oportunidad de recibir dos tipos de clases y de poder practicar más seguido.

Desde su primera clase Mateo quiere dedicar todo su tiempo libre a practicar en el piano, pero sabe que necesita estar al día en el resto de sus responsabilidades si quiere mantener un buen balance en su vida, pero no puede evitar querer estar todo el tiempo practicando lo que le gusta. Su esposa lo ha ayudado a **organizar** un poco mejor su tiempo, pero ha sido algo difícil separarse del piano de su casa.

Mientras está en el trabajo, Mateo aprovecha cada momento que tiene para practicar un poco la lectura de **partituras**, que es lo que más le está costando, ya que quiere aprender todo cuanto le sea posible para poder convertirse en un excelente pianista, sin dejar de lado sus responsabilidades principales. No le ha comentado nada a sus compañeros de trabajo porque quiere sorprenderlos en la próxima **reunión** que se realice en su hogar, pero para eso tiene que practicar.

El trabajo no es el único sitio en el que ha estado guardando secretos, pues tampoco les ha dicho a sus hijas que ha comenzado a tocar el piano, ya que ellas siempre lo apoyaron y lo trataron de convencer de comenzar a tocar hace años; quiere sorprenderlas la próxima vez que viajen a casa. Ha estado practicando las melodías preferidas de sus hijas y tiene de **cómplice** a su esposa en este plan.

No hay edad para cumplir sueños. Por eso, Mateo se ha esforzado tanto ahora que ha tenido la oportunidad, lo que más quiere es poder mejorar lo **suficiente** como para poder mostrarle sus avances a sus seres queridos, y en un futuro muy próximo podrá estar dando el concierto más importante de su vida frente a su familia.

Resumen: Mateo es un hombre adulto que siempre ha tenido un sueño: tocar el piano. En muchas ocasiones ha tenido la oportunidad de aprender y practicar, pero por diversas razones no ha podido. Mientras esta historia transcurre, algo sucede dentro de Mateo, algo que cambiará su vida y lo hará tomar la decisión de aprender a tocar piano de una vez por todas. La historia de Mateo nos enseña que nunca es tarde para cumplir los sueños y que el mejor momento para empezar a luchar por lo que se quiere es ahora.

Summary: Mateo is an adult man who has always dreamed of playing the piano. On many occasions, he has had the opportunity to learn and practice, but for various reasons, he has not been able to. As this story unfolds, something happens inside Mateo, something that will change his life and make him decide to learn to play the piano once and for all. Mateo's story teaches us that it is never too late to fulfill our dreams and that the best time to start fighting for what you want is now.

Lista de Vocabulario

- Entretenidas - Entertaining
- Inscribirse - To subscribe
- Viejo - Old
- Cabeza - Head
- Orquesta - Orchestra
- Concierto - Concert
- Costarricense - Costa Rican
- Gira - Tour
- Posponiendo - Postponing (gerund)
- Pianista - Pianist
- Amable - Kind, Gentle, Nice
- Itinerario - Itinerary
- Organizar - To organize
- Partituras - Sheet music, Scores
- Reunión - Meeting
- Cómplice - Accomplice, partner in crime, collaborator
- Suficiente - Enough

Preguntas

1. ¿Cuál ha sido el sueño de Mateo durante toda su vida?

    a) Ganarse la lotería
    b) Tocar el piano
    c) Ser famoso
    d) Tener una mansión

2. ¿Cuántos años tiene Mateo?

    a) Treinta años
    b) Treinta y cinco años
    c) Cuarenta años
    d) Cuarenta y dos años

3. ¿Cuál fue el regalo de aniversario de la esposa de Mateo?

    a) Ir al parque
    b) Ir a un restaurante
    c) Ir a un concierto
    d) Ir a la ópera

4. ¿Qué es lo que más le está costando a Mateo?

    a) La digitación
    b) La lectura de partituras
    c) La coordinación de ambas manos
    d) Separarse del piano de su casa

5. ¿En qué lugar de la ciudad le recomendó el profesor a Mateo asistir a clases comunitarias?

    a) En el sur de la ciudad
    b) En el norte de la ciudad
    c) En el oeste de la ciudad
    d) En el centro de la ciudad

Respuestas

1. What has been Mateo's dream throughout his life?

B: Tocar el piano - To play the piano

2. How old is Matthew?

D: Cuarenta y dos años - Forty-two years old

3. What was Mateo's wife's anniversary present?

C: Ir a un concierto - Going to a concert

4. What is the hardest activity for Mateo?

B: La lectura de partituras - Sheet music Reading

5. Where in the city did the teacher recommend Mateo to attend community classes?

D: En el centro de la ciudad - Downtown

Historia 14

Acompañando a mamá a su consulta médica - Accompanying mom to her medical consultation

La señora Olga tiene 60 años y ya no puede hacer las mismas cosas que podía hacer hace 20, 30 y 40 años, principalmente porque con el pasar del tiempo su cuerpo se ha ido deteriorando poco a poco, lo que hace que ella necesite de la ayuda de otros para poder realizar **algunas** actividades. Entre esas actividades se encuentra ir a las **consultas médicas**, debido a que no le gusta mucho salir sola. Para estas ocasiones ella llama a su hija Karina, que tiene 35 años y que siempre la ayuda.

Karina sabe que su mamá está entrando en una edad en la que cada vez tendrá más dificultades para ser independiente, pero se ha estado preparando con anticipación para este momento. Sabe que su mamá no tiene intenciones de vivir en un **ancianato**, y que tampoco puede volver a vivir con ella por cuestiones de espacio; así que ha estado ahorrando progresivamente para poder contratar a una **enfermera** que la visite periódicamente, así como a una persona de servicio que se encargue de mantener su casa **limpia** y organizada.

Esto ha sido un poco difícil de asumir para la señora Olga, que siempre ha sido una persona independiente, y que en el pasado viajaba **mensualmente** al interior del país para comprar mercancía a un mejor precio y poder **surtir** su **negocio** en la capital, pero el tiempo le ha ido quitando capacidades poco a poco y es momento de asumir que hay actividades que podrá hacer cada vez menos.

Karina y su mamá se dirigen a consulta con el médico **cardiólogo**, él es el encargado de monitorear la enfermedad de la señora Olga, que desde hace unos 7 años sufre de **hipertensión**. Esta es una consulta de rutina, donde deben llevar exámenes de control médico actualizados, así como hablar acerca de cómo los medicamentos le han funcionado a la señora Olga.

Siempre es una consulta difícil porque a pesar de que Karina hace todo lo **posible** por estar al tanto de su mamá, al no vivir con ella es incapaz de verificar que se tome los medicamentos todos los días a la misma hora, que respete su dieta de forma adecuada y que haga **ejercicios** por lo menos 3 veces por semana. Siempre hay momentos de tensión, un par de regaños para ambas y una nueva **estrategia** para poder adaptarse más fácilmente a la rutina.

En esta ocasión las cosas han mejorado un poco ya que la señora Olga por fin accedió a utilizar un pastillero, y ha tenido menos ocasión de olvidar tomar todos sus medicamentos a tiempo. Asimismo, desde que Karina comenzó a comprarle los **víveres** semanalmente, ella ha mejorado su dieta de forma rápida y segura.

Nunca es fácil deshacerse de viejas costumbres, pero con buenas herramientas es posible hacer un progreso. Ese progreso se ha visto reflejado en los exámenes de la señora Olga, que ha mejorado en sus valores personales de forma considerable. El doctor luego de ver los resultados ha considerado que no hace falta realizar ningún cambio en esta ocasión, y ha felicitado a ambas señoras por este progreso.

Luego de un par de preguntas más y de aclarar cualquier tipo de duda, la señora Olga y su hija se dirigen hacia el cafetín del hospital a comprarse un buen desayuno. Karina siempre se sorprende de ver a su mamá comer con tanta satisfacción comida de hospital, principalmente porque es frecuente considerar que dicha comida es **insípida**, pero a la señora Olga parece no importarle nada de esto e incluso desea probar algún postre, incluso si lo único que hay es gelatina sin azúcar.

Karina piensa en decirle algo, pero se da cuenta de que esto no la afecta, más bien la hace feliz en este momento, así que se levanta a comprar la gelatina sin azúcar. Ya frente al mostrador prefiere comprar dos porciones en vez de una, porque después de todo si a su mamá le gustan tanto debe ser por algo entonces se devuelve a compartir el tesoro con la señora Olga.

Ambas se comen su gelatina conversando y comentando cómo será la rutina ahora que por fin la han perfeccionado. Comienzan a imaginar cómo será la próxima consulta, pero felices de saber que cuentan la una con la otra para poder superar cualquier reto que se les presente, también felices de contar con profesionales de la salud tan atentos y serviciales.

Resumen: Olga es una señora de edad avanzada que poco a poco ha ido perdiendo ciertas facultades debido a su edad. Hoy en día, su principal problema de salud es la hipertensión y por eso va a consulta con su cardiólogo cada cierto tiempo para un chequeo de rutina. Esta vez, Olga llamó a su hija Karina para que la acompañara. Esta historia se trata del trabajo en equipo para lograr mejorías, sobre todo cuando el equipo es la familia. Con un poco de tolerancia y amor todas las dificultades se pueden superar.

Summary: Olga is an elderly lady who has gradually been losing certain faculties due to her age. Nowadays, her main health problem is hypertension, so she goes to see her cardiologist for a routine check-up every so often. This time, Olga called her daughter Karina to accompany her. This story is about teamwork to achieve improvements, especially when the team is family. With a little tolerance and love, all difficulties can be overcome.

Lista de Vocabulario

- Algunas - Some (feminine and plural)
- Consultas médicas - Doctor appointment, doctor's visit
- Ancianato - Nursing home
- Enfermera - Nurse
- Limpia - Clean (feminine)
- Mensualmente - Monthly
- Surtir - To supply, To stock (up)
- Negocio - Business, company
- Cardiólogo - Cardiologist
- Hipertensión - High blood pressure
- Posible - Possible
- Ejercicios - Exercises
- Estrategia - Strategy
- Víveres - Groceries
- Insípida - Tasteless, dull, bland

Preguntas

1. ¿Cuántos años tiene Olga?
   a) Cuarenta
   b) Cincuenta
   c) Sesenta
   d) Setenta

2. ¿Cómo se llama la hija de Olga?
   a) Karla
   b) Karina
   c) Karen
   d) Keyla

3. ¿Cuál es la especialidad del doctor que vio a Olga?

   a) Cardiólogo
   b) Dermatólogo
   c) Nefrólogo
   d) Ginecólogo

4. ¿De qué enfermedad sufre Olga?

   a) Diabetes
   b) Anemia
   c) Gastritis
   d) Hipertensión

5. ¿Qué postre le gusta comer a Olga en el hospital?

   a) Gelatina
   b) Quesillo
   c) Manjar
   d) Alfajor

Respuestas

1. How old is Olga?

C: Sesenta - Sixty

2. What is the name of Olga's daughter?

B: Karina

3. What is Olga's doctor's specialty?

A: Cardiólogo - Cardiologist

4. What illness does Olga suffer from?

D: Hipertensión - High blood pressure

5. What dessert does Olga like to eat in the hospital?

A: Gelatina - Jelly

Historia 15

Picnic en el parque - Picnic in the park

La tía Joselyn ha vuelto a Maracaibo después de mucho tiempo. Joselyn **vive** en Caracas, la capital de Venezuela, pero nació y creció en Maracaibo, una ciudad del interior del país, y a donde no había vuelto desde hace 4 años. Decidió volver a celebrar las **bodas** de plata de sus padres, aunque de haber sido cualquier otro tipo de reunión habría procurado buscar una excusa.

Joselyn tiene tres sobrinos pequeños, Carlos, Carmen y Cintia, todos hijos de su hermana Carla, que vive todavía en Maracaibo. Ninguno tiene más de 10 años, sólo los ve una vez al año durante las vacaciones de agosto porque su hermana se va a pasar unos días a Caracas. Joselyn ama a sus sobrinos y constantemente trata de hablar con ellos por videollamada, pero eso no siempre es suficiente ya que los niños crecen demasiado rápido y no tienen oportunidad de conversar todo el tiempo.

Aprovechando que está en Maracaibo por la celebración familiar, Joselyn decidió planificar una salida a la Vereda del Lago, el parque más grande de la ciudad. Conversó con su hermana un rato. Y luego de pedirle por favor varias veces, logró convencerla de que les permitiera a todos ir a la Vereda. Esto es algo muy difícil de lograr ya que los niños siempre vuelven con **picaduras de mosquitos** y con irritación por el calor que hace, pero debido a que Joselyn nunca viene a la ciudad, Carla no tuvo más remedio que permitirle esta salida.

Luego de arreglarlos a todos y colocarles un poco de **bloqueador solar**, los 4 se dirigieron al parque con la intención de pasar un día diferente. Joselyn **empacó** comida y **jugos** para hacer un picnic y una vez llegaron al sitio, lo primero que hicieron fue acomodar todas las cosas para sentarse a comer. La comida favorita de Joselyn son las mandocas. Es una comida típica de la región que consiste en una masa dulce frita, acompañada con **queso** blanco **rallado**.

Luego de terminar de comer, una vez que ya todos descansaron un poco, se dispusieron a caminar por el parque aprovechando la **sombra** de los árboles. Los niños se divierten **corriendo** de un lado para el otro porque saben que su tía no los regañará demasiado.

Después de caminar un rato más, los niños comienzan a cansarse, así que deciden descansar un poco en una banca. Joselyn aprovecha para retocarles el bloqueador solar mientras los niños **beben** un poco de **agua**. Este ha sido definitivamente un momento diferente y no pueden esperar a seguir divirtiéndose como lo han venido haciendo.

El tiempo pasa volando y antes de que puedan darse cuenta ya ha caído la noche y es hora de irse, pero no sin tomarse un par de fotos para el recuerdo. Joselyn ha podido disfrutar un poco de uno de sus lugares favoritos de la **infancia**. Además, ha podido crear nuevos **recuerdos** con sus sobrinos, que también la han pasado de maravilla.

Probablemente faltará mucho tiempo para que este momento se repita, pero eso no evita que todos puedan **regocijarse** al pensar en el excelente momento que han vivido juntos. Luego de terminar con las fotos todos se dirigieron nuevamente hasta la casa.

En cuanto los niños llegaron a su hogar, salieron corriendo en busca de su mamá para contarle todo acerca del día de hoy. Su mamá los escucha atenta, procurando hacerles preguntas sólo cuando estos ya han dejado de hablar apresuradamente. Se nota que ha sido un día excelente y puede comprobarlo poco después, gracias a las fotos que se tomaron todos poco tiempo atrás.

Joselyn sabe que su vida ahora está en la capital, pero no puede evitar pensar que le encantaría quedarse más. De todas formas, luego de reflexionarlo un poco, comprende que su lugar ya no pertenece a esta ciudad y que ahora solo le queda celebrar los momentos anteriores, pero eso no significa que no pueda crear pequeños recuerdos nuevos.

Joselyn sabe que había dejado pasar demasiado tiempo antes de volver y ahora que ha vuelto a pisar esta ciudad, sabe que tratará de crear una agenda más constante para poder compartir momentos especiales con su familia y no únicamente cuando sea imposible zafarse de la invitación.

Resumen: Joselyn es una mujer que ama mucho a su familia, aunque desde hace mucho se mudó a una ciudad diferente, ya casi no comparte tiempo con sus amados sobrinos, sus padres o su hermana Carla. En esta historia, Joselyn no tiene excusas y decide ir a Maracaibo a la celebración de la boda de sus padres. Aprovechando que está en su ciudad natal, Joselyn decide pasar tiempo con sus sobrinos en su lugar favorito. Al final, una parte de su corazón está en esta ciudad con su familia, aunque tiene deberes y responsabilidades que cumplir, después de esta experiencia buscará la forma de visitarlos con más frecuencia.

Summary: Joselyn is a woman who loves her family very much, although she moved to a different city a long time ago and she hardly spends time with her beloved nephews, her parents, or her sister Carla. In this story, Joselyn has no excuses and decides to go to Maracaibo to celebrate her parents' wedding. Taking advantage of the fact that she is in her hometown, Joselyn decides to spend time with her nephews at her favorite place. In the end, a part of her heart is in this city with her family, and although she has duties and responsibilities to fulfill, after this experience, she will find a way to visit them more often.

Lista de Vocabulario

- Vive - Lives
- Bodas - Weddings
- Picaduras de mosquitos - Mosquito bites
- Bloqueador solar - Sunscreen
- Empacó - Packed (to pack in past tense)
- Jugos - Juices
- Queso - Cheese
- Rallado - Grated (to grate in past tense)
- Sombra - Shadow
- Corriendo - Running (gerund)
- Beben - To drink (third person plural)
- Agua - Water
- Infancia - Childhood
- Recuerdos - Memories
- Regocijarse - To rejoice (infinitive)

Preguntas

1. ¿Dónde nació Joselyn?

    a) Caracas
    b) Maracaibo
    c) Valencia
    d) Barquisimeto

2. ¿Qué estaban celebrando los padres de Joselyn?

    a) Cumpleaños
    b) Navidad
    c) Bodas de plata
    d) Bodas de oro

3. ¿Qué comieron Joselyn y sus sobrinos?

    a) Mandocas
    b) Pasta
    c) Empanadas
    d) Arroz con pollo

4. ¿En qué mes suele ver Joselyn a sus sobrinos?

    a) Abril
    b) Julio
    c) Agosto
    d) Diciembre

5. ¿Qué les colocó Joselyn a sus sobrinos antes de ir al parque?

    a) Repelente
    b) Bronceador
    c) Crema humectante
    d) Bloqueador solar

Respuestas

1. Where was Joselyn born?

B: Maracaibo

2. What were Joselyn's parents celebrating?

C: Bodas de plata - Silver weddings, Silver anniversary

3. What did Joselyn and her nephews eat?

A: Mandocas

4. In what month does Joselyn usually see her nephews?

C: Agosto - August

5. What did Joselyn put on her nephews before going to the park?

D: Bloqueador solar - Sunscreen

Historia 16

Semana de exámenes - Exams week

Marta y Nelva tienen 28 años y se conocen desde hace más de 20 años. Se conocieron en el **primer** día de clases en primaria y desde entonces han sido prácticamente **inseparables**. Ambas han tenido siempre muchos gustos en común y durante mucho tiempo procuraron realizar todos sus trabajos escolares juntas, pero en cuanto llegó el momento de escoger la **carrera** universitaria ambas escogieron carreras diferentes.

De todas **formas**, esto no evitó que mantuvieran contacto, ya que ambas quedaron seleccionadas para estudiar en la Universidad Nacional Autónoma de Honduras, la universidad más reconocida de la ciudad de Tegucigalpa, capital de este país. Esta es una universidad **grande** con facultades bien divididas entre sí, sin embargo, esto no impidió que ambas pudieran hacerse compañía en cada oportunidad que se les presentase.

Marta estudia comunicación social y ha tenido que suspender sus estudios en varias oportunidades por motivos de salud, pero recientemente se ha comprometido a avanzar lo más posible con la intención de graduarse y poder comenzar a trabajar en su área, mientras que Nelva estudia ingeniería eléctrica. Nelva no se ha graduado todavía ya que al comienzo ingresó a la universidad para estudiar matemática pura, pero durante los primeros semestres se dio cuenta de que esa no era su verdadera **vocación** y se comprometió a realizar todo el **papeleo** para cambiarse de carrera.

De una u otra forma, ambas han podido continuar acompañándose la una a la otra durante todo este proceso, y esperan poder culminar sus estudios en tiempos similares, aunque comprenden que esto es poco probable. Marta y Nelva creyeron que su amistad se acabaría en cuanto entraran a la universidad porque tienen caminos muy diferentes, pero se dieron cuenta rápidamente de que en realidad lo que las unía era el cariño que sentían la una por la otra, así como todo el tiempo y experiencias que han vivido juntas.

Poder **conservar** una amistad durante tanto tiempo es un **privilegio** y ninguna de las dos da este privilegio por sentado. Además, estudiar en la UNAH y poder continuar conviviendo juntas les ha permitido mantenerse al tanto de sus vidas; eso ha sido un gran apoyo también. No es fácil crecer y mantener el mismo modo de pensar, pero a veces esto no hace falta para poder conservar una amistad.

Ahora que ambas están en su carrera favorita, esforzándose al máximo para poder graduarse y comenzar a ejercer, es posible ver que no hace falta tener los mismos gustos para poder continuar una amistad. Lo mejor de todo es que siempre pueden apoyarse la una a la otra, incluso si no entienden del todo el programa académico o las actividades asignadas en ambas carreras.

Marta el día de hoy tiene una presentación muy importante en su clase y ha estado practicando toda la noche para la exposición, con la intención de poder recibir una buena calificación que le permita optar por un buen puesto dentro de los mejores **promedios** de su sección, pero también se ha sentido muy nerviosa al respecto. A veces estudiar y dominar el tema de una exposición no es suficiente para garantizar una buena calificación, pero **definitivamente** es una buena forma de intentarlo.

Lo bueno de este **asunto** es que esta es una actividad grupal, por lo que Marta ha tenido oportunidad de compartir con sus compañeros de clases durante todo este proceso. Es difícil estudiar temas nuevos, principalmente cuando este estudio es para una exposición, pero todo este trabajo es más soportable cuando se tiene la compañía correcta.

El grupo de Marta es igual de aplicado y es por esto por lo que el día de la presentación todas lo hacen excelente y reciben la mejor calificación. Al finalizar el evento, se encuentran todas con Nelva y su grupo de compañeros de ingeniería que no saben demasiado sobre el tema expuesto, pero han venido aquí a **ofrecer** apoyo y compañía.

La universidad puede ser difícil, pero tener la compañía correcta puede ser la diferencia entre una mala época y una buena época. Luego de terminar este evento todos salieron a comer **sopa de caracol**, plato típico de Honduras, para celebrar que por fin cumplieron con esa gran responsabilidad. Todavía faltan muchas **evaluaciones,** pero esta es una menos y vale la pena disfrutarlo un poco.

Resumen: Marta y Nelva tienen una gran amistad. Debido a sus propias decisiones personales y profesionales, pensaron que su amistad se vería afectada. Sin embargo, pronto se dieron cuenta de que las amistades verdaderas son muy fuertes y han tenido el privilegio de conservar esta amistad, brindándose apoyo y compañía aún en medio de la etapa universitaria.

Summary: Marta and Nelva have a great friendship. Due to their own personal and professional decisions, they thought their friendship would suffer. However, they soon realized that true friendships are very strong, and they have had the privilege of maintaining this friendship by giving each other support and companionship even during college.

Lista de Vocabulario

- Primer - First
- Inseparables - Inseparable
- Carrera - Career
- Formas - Forms
- Grande - Big, large, great
- Vocación - Vocation, calling
- Papeleo - Paperwork
- Conservar - To preserve, to keep
- Privilegio - Privilege
- Promedios - Averages
- Definitivamente - Definitely
- Asunto - Matter
- Ofrecer - To offer, to extend, to give
- Sopa de caracol - Snail Soup
- Evaluaciones - Assessments, evaluations

Preguntas

1. ¿Desde hace cuánto tiempo se conocen Marta y Nelva?

    a) Hace cinco años
    b) Hace quince años
    c) Hace diez años
    d) Hace veinte años

2. ¿Qué carrera estudia Marta?

    a) Matemática pura
    b) Ingeniería mecánica
    c) Comunicación Social
    d) Arquitectura

3. ¿Qué carrera estudia Nelva?

   a) Ingeniería eléctrica
   b) Ingeniería civil
   c) Ingeniería industrial
   d) Ingeniería química

4. ¿Qué comieron luego de terminar el evento?

   a) Ceviche
   b) Sopa de caracol
   c) Chuleta de puerco
   d) Pabellón

5. ¿Qué evento importante tiene Marta en la historia?

   a) Un examen
   b) Un trabajo
   c) Un debate
   d) Una exposición

Respuestas

1. How long have Marta and Nelva known each other?

D: Hace veinte años - For twenty years

2. What does Marta study?

C: Comunicación Social - Journalism

3. What does Nelva study?

A: Ingeniería eléctrica - Electric Engineering

4. What did they eat after finishing the event?

B: Sopa de caracol - Snail soup

5. What important event does Marta have in the story?

D: Una exposición - A presentation (exhibition, display).

Historia 17

Bianca e Isabel - Bianca and Isabel

Bianca vive en Managua, la capital de Nicaragua. Ella es **contadora pública**. Trabaja de forma independiente llevándole la contaduría a varios negocios cerca de su hogar, así como también a varios negocios en el interior del **país**. Lo que más disfruta Bianca es poder trabajar con sus amigos, ya que esto le permite ayudarlos de forma constante y le permite ayudarles a hacer crecer su establecimiento. Uno de los negocios que más le gusta es la **panadería** de su amiga Isabel, que **estableció** este local hace aproximadamente 8 años.

Isabel siempre supo que quería tener una panadería, principalmente porque su padre vendía pan en su casa, pero nunca fue capaz de formalizar su negocio, ya que siempre era necesario realizar demasiado papeleo y el señor no tenía tiempo. En cuanto Isabel se dio cuenta de que quería sacar adelante este **proyecto**, lo primero que hizo fue hablar con su amiga Bianca para asesorarse sobre todo el proceso que debía realizar. Al principio no fue fácil, pero juntas lograron **diseñar** un **presupuesto** que le permitiera iniciar el proyecto en el menor tiempo posible.

De esta manera, Bianca e Isabel han estado en contacto constantemente, ya que la **contabilidad** debe mantenerse al día en todo momento para evitar algún tipo de problema fiscal. Los más difícil fue adaptarse durante los primeros años, pero ahora es un proceso de rutina para ambas amigas.

Es difícil buscar ayuda entre las amistades, pero esta es la mejor forma de apoyar el trabajo de otros, principalmente porque todos pueden ofrecer sus conocimientos y mejorar algún problema, para así poder continuar haciendo crecer los proyectos de todos de forma orgánica.

Isabel va todos los meses a buscar los recibos de compra y de venta de la panadería. Siempre encuentra a alguien que la busca en la parada de buses para que no caminar la corta distancia hasta la panadería. Al momento de devolverse a su hogar es exactamente lo mismo, ya que siempre la llevan de vuelta a la parada.

Esto no es realmente necesario ya que es una distancia relativamente corta, pero se ha convertido en una especie de **tradición** entre ambas amigas. Bianca tiene 36 años y ha estado trabajando como contadora durante los últimos 10 años, en los cuales ha sido capaz de desarrollar sus **habilidades** hasta convertirse en una excelente profesional. Mientras que Isabel tiene 40 y en la actualidad tiene un negocio increíblemente **exitoso**.

Llevar adelante una panadería requiere de mucho tiempo y esfuerzo, así como de trabajo constante. Por esta razón Isabel no descansa nunca, ni siquiera los sábados o **domingos**. Siempre está sacando cuentas, verificando facturas, garantizando que todos los pedidos se entreguen a tiempo. Ella sabe que este es exactamente el secreto de su éxito.

Del mismo modo, Bianca trabaja **arduamente** para llevar de forma correcta la contabilidad de sus **clientes**, sin permitir que su trabajo se quede con todo su tiempo libre. Ambas amigas tomaron caminos relativamente diferentes, pero esto sólo les ha permitido apoyarse más. Ahora, luego de tantos años, cada una ha podido establecerse de forma positiva en su comunidad, y esto es lo más importante.

Bianca e Isabel son parte de un grupo más grande y cada cierto tiempo todas se reúnen a conversar de cómo van los negocios, la familia y las actividades extracurriculares. Este es el momento favorito de todas. Cada una se dirige en bus o carro a su destino. En ese lugar, ellas procuran eliminar cualquier tema que pudiera tener que ver con trabajo o preocupaciones.

Todas son adultas, con vidas y responsabilidades de adultas, pero esto no les impide poder divertirse un poco y conversar de cualquier otra cosa que no sea **estrictamente** trabajo. Puede ser un poco difícil sacar tiempo para relajarse, pero es completamente necesario para poder ser las personas exitosas que son.

Luego, cuando ya la reunión ha terminado, cada una se va a continuar con su vida y sus responsabilidades, pero sabiendo que siempre tendrán un sitio a donde ir y poder liberarse un poco de la agitada rutina. Bianca e Isabel se ven más seguido debido a que la contabilidad es un trabajo que debe hacerse mensualmente Eso les permite tener más historias que contar en las reuniones grupales, en donde todas quieren contar algo nuevo.

El éxito no está sólo en las relaciones profesionales sino en las relaciones personales que nos ayudan a alcanzar nuestros objetivos. Bianca e Isabel entienden esto y lo hacen una realidad en sus vidas cada día a través de su amistad.

Resumen: Bianca e Isabel son amigas desde hace mucho tiempo. Bianca es contadora pública y ayuda a su amiga Isabel con el negocio familiar, una panadería muy exitosa de la localidad. La vida de estas amigas es muy agitada debido al tiempo y esfuerzo que dedican a cumplir sus metas profesionales. Sin embargo, en esta historia podemos ver que, a pesar de tener poco tiempo libre, estas amigas se mantienen en contacto y conversan de otros temas para relajarse, disfrutar la vida y ofrecerse apoyo mutuo.

Summary: Bianca and Isabel have been friends for a long time. Bianca is a CPA (public accountant) and helps her friend Isabel with the family business, a very successful local bakery. The life of these friends are very hectic due to the time and effort they dedicate to fulfilling their professional goals. However, in this story, we can see that, despite having little free time, these friends keep in touch and talk about other topics to relax, enjoy life, and offer mutual support.

Lista de Vocabulario

- Contadora pública - Public accountant, CPA
- País - Country
- Panadería - Bakery
- Estableció - Established, founded (past tense)
- Proyecto - Project
- Diseñar - To design
- Presupuesto - Budget
- Contabilidad - Accounting
- Tradición - Tradition, custom, usage
- Habilidades - Abilities, skills
- Exitoso - Successful
- Domingos - Sundays
- Arduamente - Hard
- Clientes - Clients, customers
- Estrictamente - Strictly

Preguntas

1. ¿Qué negocio tiene Isabel?

   a) Una panadería
   b) Una heladería
   c) Un taller automotriz
   d) Una carnicería

2. ¿Qué familiar de Isabel vendía pan en su casa?

   a) Su hermano
   b) Su tío
   c) Su padre
   d) Su abuelo

3. ¿Cada cuánto tiempo debe hacerse la contabilidad?

   a) Quincenalmente
   b) Mensualmente
   c) Trimestralmente
   d) Anualmente

4. ¿Qué días descansa Isabel?

   a) Los sábados
   b) Los domingos
   c) Los lunes
   d) Nunca

5. ¿Cuál es el tema que Bianca e Isabel evitan cuando se reúnen en grupo con otras mujeres?

   a) Trabajo
   b) Familia
   c) Vida personal
   d) Metas

Respuestas

1. What business does Isabel have?

A: Una panadería - A bakery

2. Who sold bread in Isabel's house?

C: Su padre - Her father

3. How often should accounting be done?

B: Mensualmente - Monthly

4. When does Isabel rest?

D: Nunca - Never

5. What topic Bianca and Isabel avoid when they meet in a group with other women?

A: Trabajo - Work

Historia 18

Visita al oftalmólogo - Visit to the ophthalmologist

Andrés tiene 20 años y desde hace algunos días ha sentido un profundo **dolor de cabeza** cada vez que intenta enfocarse en la **lectura** por más de 30 minutos continuos. Al principio pensó que se trataba de **estrés** por estar en exámenes finales, pero rápidamente se dio cuenta de que el estrés poco tenía que ver con su dolor de cabeza, que se acentuaba cada vez que intentaba fijar su vista en cualquier **documento**, virtual o físico.

Conversó con su **abuela** al respecto y ella le dijo que seguramente esto tenía que ver con la cantidad de tiempo que pasa utilizando el teléfono, pero, al ser una abuela de República Dominicana, cualquier dolencia era asociada inmediatamente con el uso del teléfono. Luego de conversar un poco más, y de repetirle a su abuela unas tres o cuatro veces que este dolor se presentaba con o sin el teléfono, la abuela le recomendó **pautar** una consulta con el **oftalmólogo**.

Él día de la cita por fin ha llegado. Andrés está preparado para utilizar **lentes** por el resto de su vida, aunque guarda una mínima **esperanza** de que esto sólo sea estrés o que incluso tenga algo que ver con el tiempo frente a la pantalla del televisor o del teléfono. Todas sus esperanzas se ven rápidamente descartadas ya que luego de un par de exámenes y de ser incapaz de ver del todo bien el dibujo que le presentaban, le dijeron que tendría que utilizar lentes por algún tiempo con la esperanza de corregir este defecto.

Al principio se sintió un poco **decepcionado**, pero la oportunidad de escoger una buena montura le alegró un poco el día. También la posibilidad de dejar atrás los dolores de cabeza lo alegraban aún más, pero ahora tenía que explicarle a su abuela que nada de esto tenía que ver con el celular.

Al llegar a su casa se encontró con su abuela sentada en el frente junto a dos amigas del **barrio**. Ella estaba hablando acerca de cómo el teléfono es capaz de deshacer la retina con el suficiente tiempo de exposición. Sus amigas la escuchaban atentamente. Andrés comprendió que lo mejor que podía hacer era aceptar que no ganaría esa pelea y entró directamente a la casa.

Luego de un par de días recibió una llamada del consultorio del oftalmólogo. Le indicaron que sus lentes ya estaban listos para ser retirados. Se dirigió hasta allá el mismo día y le pidieron que se los probara un momento para verificar que todo estuviera en orden. Luego de un par de pruebas, le dijeron que todo estaba perfecto y que tendría que usar los lentes de forma permanente por al menos un mes.

Andrés no se siente muy cómodo usando lentes, pero luego de tanto tiempo con dolor de cabeza había olvidado lo que se sentía poder enfocar la vista sin sentir presión de ningún tipo. De repente los colores se ven más vívidos, las figuras son más nítidas, poco a poco el dolor de cabeza se convierte en un recuerdo borroso, **por así decirlo**.

Cada vez que su abuela tiene la oportunidad, le recuerda que todo esto es a causa del uso indiscriminado del teléfono y de la televisión, pero ha aprendido a vivir con sus comentarios, principalmente porque no podrá hacerla cambiar de idea. Escucharla puede ser un poco **tedioso**, pero no cambiaría estas conversaciones por nada del mundo; además realmente los lentes le han devuelto la comodidad, así que no vale la pena intentar dejarlos guardados en la **gaveta**.

Quizás a los 20 años es demasiado pronto como para tener que usar lentes, pero la verdad es que son cómodos y útiles, además hacen que todo sea más fácil. El dolor de cabeza se ha ido y se ha llevado con él gran parte del estrés y el cansancio que Andrés tenía desde hace tiempo; y todo por estar forzando la vista para cualquier cosa. Ahora que ha comprendido la diferencia entre ver y no ver, no planea volver al pasado si es que puede evitarlo.

Los teléfonos y la televisión pueden ser una excelente forma de entretenimiento, pero es cierto que a veces es necesario realizar estas actividades con **moderación** para evitar inconvenientes, sobre todo si se trata de la salud. Lo bueno es que los lentes están ahí para mejorar la vista y facilitarle la vida a aquellos que lo necesitan, como es el caso de Andrés, quien ahora puede ver todo muy bien y sus dolores de cabeza desaparecieron por completo.

Resumen: Andrés es un joven dominicano que últimamente está teniendo problemas con su visión, pero él no lo sabe. El único síntoma que presenta es un fuerte dolor de cabeza cuando intenta leer básicamente cualquier cosa. La abuela de Andrés insiste en que esos dolores de cabeza son por culpa del uso prolongado del celular. Andrés sabe que no es así, pero decide omitir la discusión y va a visitar al médico. Al final, Andrés comenzó a usar lentes y sus problemas se solucionaron.

Summary: Andrés is a young Dominican who has recently been having problems with his vision, but he doesn't know it. The only symptom he has is a severe headache when he tries to read basically anything. Andrés's grandmother insists that those headaches are due to prolonged cell phone use. Andrés knows this is not the case, but he decides to skip the discussion and visit the doctor. In the end, Andrés started wearing glasses, and his problems were solved.

Lista de Vocabulario

- Dolor de cabeza - Headache
- Lectura - Reading
- Estrés - Stress
- Documento - Document, file
- Abuela - Grandmother
- Pautar - To Schedule
- Oftalmólogo - Ophthalmologist
- Lentes - Glasses
- Esperanza - Hope
- Decepcionado - Disappointed
- Barrio - Neighborhood
- Por así decirlo - So to speak, in a manner of speaking
- Tedioso - Tedious, boring
- Gaveta - Drawer
- Moderación - Moderation

Preguntas

1. ¿Qué síntoma tiene Andrés?

    a) Dolor de cabeza
    b) Fatiga
    c) Cansancio
    d) Náuseas

2. ¿A qué le atribuye la abuela de Andrés su dolor de cabeza?

    a) Al estrés
    b) A una enfermedad
    c) A ver mucha televisión
    d) Al celular

3. ¿Qué doctor visitó Andrés?

  a) El neurólogo
  b) El internista
  c) El oftalmólogo
  d) El epidemiólogo

4. ¿Cuántas amigas acompañaban a la abuela de Andrés cuando este regresó de su consulta médica?

  a) Dos
  b) Tres
  c) Cuatro
  d) Cinco

5. ¿Cómo se sintió Andrés cuando le informaron que debía usar lentes?

  a) Feliz
  b) Triste
  c) Decepcionado
  d) Abrumado

Respuestas

1. What symptom does Andrés have?

A: Dolor de cabeza - Headache

2. What does Andres' grandmother think is the reason for his headache?

D: Al celular - To his cell phone

3. What doctor did Andrés visit?

C: El oftalmólogo - The ophthalmologist

4. How many friends accompanied Andres's grandmother when he returned from his medical appointment?

A: Dos - Two

5. How did Andrés feel when he knew he should wear glasses?

C: Decepcionado - Disappointed

Historia 19

El abuelo Vicente - Vincent, the grandfather

Hoy es un día muy especial para Vicente ya que viene toda su familia de visita. Vicente tiene 65 años, tiene 3 hijos y 8 **nietos**. Todos los meses escogen un día en particular para **reunirse** y compartir en familia. Vicente siempre prepara la casa lo mejor posible para que todo esté perfecto y procura comprar comida especial para que todos coman un poco de su comida favorita.

Vicente y su familia son de Panamá. **Casi** todos viven en la ciudad de Panamá, la capital; aunque uno de sus hijos vive en Bejuco, que es una ciudad del interior. Es muy difícil reunirse ya que todos tienen grandes **ocupaciones**, trabajos y clases, pero todos hacen un gran esfuerzo un día al mes. Esto les permite crear nuevos recuerdos y celebrar los momentos importantes.

El día de hoy, todos se han organizado para llevar un platillo sorpresa, así que nadie sabe con **certeza** qué es lo que comerán, pero todos esperan que sea un evento divertido y tranquilo, con muchas explosiones de sabor y sorpresas. Vicente ya tiene preparado el platillo que ofrecerá el día de hoy. Se trata de un sancocho panameño, una sopa preparada con carne de gallina y que usualmente se acompaña con una **porción** de arroz. Este platillo típico de Panamá tiene un sabor salado y ligeramente picante. Eso lo hace la comida favorita de sus nietos, por eso Vicente siempre hace todo lo posible por prepararlo para todos.

En cuanto se hacen las 11 de la mañana, poco a poco comienzan a llegar todos los invitados. Cada uno trae un platillo diferente para compartir. Cuando es hora de comer, en la mesa se encuentra servida una gran variedad de alimentos, incluyendo carne, **pollo** y cerdo preparados de diferentes maneras, diferentes **ensaladas** e incluso varios jugos para compartir, lo que hace que la mesa sea un gran festival de colores, olores y sabores.

Lo más importante de esta reunión es poder compartir en familia, conversar y compartir juntos, pero la comida de hoy también es una parte importante. Lo mejor de todo es que cada uno ha podido probar un poco de todo; y en cuanto se acaba la comida todos pueden escoger su alimento favorito. Por turnos, **cada** participante va compartiendo un poco de su rutina, las cosas que ha hecho durante el mes y además tiene la oportunidad de escoger su comida favorita.

Un par de horas después, la reunión por fin se termina y todos los invitados prometen reunirse en un mes, cuando volverán a conversar y divertirse juntos y cuando el señor Vicente podrá volver a ver a toda su familia reunida. Mientras tanto, conversa directamente con cada uno de sus hijos para saber cuándo se verán de forma independiente, ya que siempre es importante reunirse en familia, aunque sea a menor escala.

Todos están muy **satisfechos** por el día de hoy y prometen hacer todo lo posible por reunirse nuevamente en un mes, especialmente porque disfrutan compartir con el abuelo Vicente, que siempre se esfuerza por recibirlos con amor y felicidad. El señor Vicente también está muy feliz por el día de hoy, y desde ya está comenzando a **planificar** cuál será la siguiente actividad especial en familia, principalmente porque la actividad del día fue todo un éxito.

En cuanto todos se han ido, es tiempo de comenzar a **acomodar** la casa. Todos ayudan al señor Vicente antes de irse, también es tiempo de que él guarde los platos limpios, acomode todas las cosas que se encuentran en la **sala** y el **comedor**, y verifique que todo está en orden. Esto le permite mantener su hogar en orden, para poder acomodar las cosas más rápidamente en el futuro, especialmente cuando no cuenta con ayuda de otros.

Poder ver a su familia reunida cada mes lo hace muy feliz. Por esta razón, siempre se esfuerza al máximo por recibirlos con la mejor **disposición**, ya que es un momento muy feliz en el que todos pueden crear nuevos recuerdos alegres.

Ahora es tiempo de que el señor Vicente comience a planificar la siguiente reunión, asegurándose de escoger el mejor día para todos, en donde cada uno de sus hijos podrá venir sin problemas y en donde todos sus nietos podrán organizarse. Planificar estas reuniones con tiempo es lo que les permite seguir haciéndolas, además es una actividad que quiere hacer por el resto de su vida porque considera que compartir en familia es algo muy valioso que crea conexiones únicas y recuerdos maravillosos.

Resumen: Vicente es un abuelo de 65 años que disfruta mucho la compañía de sus hijos y nietos. Como todos tienen sus propias responsabilidades, se reúnen una sola vez al mes, pero aprovechan ese tiempo al máximo para compartir, contarse historias, comer y pasar momentos agradables y divertidos. La historia de Vicente nos enseña la importancia de pasar tiempo con la familia, y la necesidad de hacer un espacio para poder tener y brindar afecto a nuestros seres queridos. La familia es la base de todo y debe permanecer siempre unida.

Summary: Vicente is a 65-year-old grandfather who really enjoys the company of his children and grandchildren. Since everyone has their own responsibilities, they meet only once a month, but they make the most of that time to share, tell each other stories, eat, and have pleasant and fun moments. Vicente's story teaches us the importance of spending time with the family and the need to make a space to have and provide affection to our loved ones. The family is the basis of everything and must always remain united.

Lista de Vocabulario

- Nietos - Grandchildren
- Reunirse - To get together, to meet up, to reunite
- Casi - Almost
- Ocupaciones - Activities, jobs, occupations
- Certeza - Certainty
- Porción - Ration, portion
- Pollo - Chicken
- Ensaladas - Salads
- Cada - Each
- Satisfechos - Satisfied
- Planificar - To plan
- Acomodar - To accommodate, to suit
- Sala - Living room
- Comedor - Dinning room
- Disposición - Disposition

Preguntas

1. ¿Qué edad tiene Vicente?
    a) Cincuenta años
    b) Cuarenta años
    c) Sesenta y cinco años
    d) Setenta años

2. ¿Cuántos nietos tiene Vicente?

    a) Tres
    b) Cinco
    c) Siete
    d) Ocho

3. ¿Con qué carne se prepara el sancocho panameño?

    a) Carne de cerdo
    b) Carne de gallina
    c) Carne de caballo
    d) Carne de res

4. ¿A qué hora llegan los invitados a la casa de Vicente?

    a) Once de la mañana
    b) Doce del mediodía
    c) Una de la tarde
    d) Dos de la tarde

5. ¿Qué sentimiento tiene Vicente al ver a su familia reunida?

    a) Satisfacción
    b) Felicidad
    c) Tristeza
    d) Rabia

Respuestas

1. How old is Vincent?

C: Él tiene sesenta y cinco años - He is sixty-five years old

2. How many grandchildren does Vicente have?

D: Ocho - Eight

3. What meat is the Panamanian sancocho prepared with?

B: Carne de gallina - Hen meat (poultry)

4. What time do the guests arrive at Vincent's house?

A: Once de la mañana - Eleven in the morning

5. What feeling does Vicente have when he sees his family reunited?

B: Felicidad - Happiness

Historia 20

Jovencita recibe clases particulares de español - Young girl receives private Spanish lessons

César tiene 35 años y ofrece clases **particulares** de **español** desde hace más de 10 años. Siempre se ha interesado por conocer todo lo posible sobre su **idioma nativo**. Este conocimiento le ha permitido ofrecer clases a aquellos estudiantes que tienen problemas para realizar las actividades que les asignan en la escuela.

En este caso se está preparando para ofrecerle clases a Adriana, una joven de 15 años que actualmente cursa el tercer año de educación media y que está teniendo algunos problemas con sus clases de castellano y literatura. El **tutor** César está listo para impartir su primera clase, por lo que se dirige a casa de Adriana con todo su material **didáctico** preparado.

En la casa de Adriana se encuentran ya todos **esperando** al tutor. Tienen preparada una mesa en el frente con algunos cuadernos y libros relacionados con la materia. En cuanto llega César, la primera en saludar es la mamá de Adriana. Ella le agradece su tiempo y esfuerzo y le habla un poco sobre los puntos más débiles de la materia y los espacios en los que Adriana necesita un poco de **refuerzo**. Después de **aclarar** el tema los deja para que puedan comenzar la clase.

El tiempo pasa rápido y dos horas después ya han avanzado algunos temas; por fin Adriana comienza a comprender un poco mejor esta asignatura. Han realizado algunas actividades **atrasadas**, gracias al apoyo y la explicación del tutor ya todo el panorama se ve mucho mejor. Adriana está muy feliz con su clase y le ha dicho a César que para la próxima invitará a unas amigas para que también participen en la clase.

César se va para su casa y comienza a preparar una clase más completa con didácticas diferentes para que más alumnos puedan **participar**, de forma tal que para el próximo día de tutoría todos puedan sacarle el máximo provecho a la clase.

Él estudió en la Universidad Nacional de Asunción, ubicada en la capital de Paraguay, Asunción, donde vive **actualmente**. En esta universidad aprendió todos sus conocimientos sobre las ciencias de la educación y aplica toda la información aprendida en cada una de las clases que ofrece. César está preparado para su siguiente clase y no puede esperar a comenzar con su siguiente clase grupal.

A la semana siguiente César llega a casa de Adriana y ya la están acompañando dos estudiantes más. Ellos están muy emocionados por escuchar esta clase. Adriana les ha hablado a sus compañeros sobre el tutor y les ha dicho todo lo que aprendió en su clase pasada. Sin perder más tiempo César comienza a dar su clase y todos toman sus **apuntes** para poder sacarle el máximo provecho.

Cada uno de los estudiantes participa, se esfuerza en realizar las actividades y toma apuntes para las próximas clases. Todos están muy felices con la información recibida, no solo porque podrán aprobar sus siguientes exámenes, sino porque además han comenzado a entender mejor el lenguaje español y todas sus **ramificaciones**.

César ha hecho un excelente trabajo explicando **diversos** temas y ya todos están preparados para asistir a estas clases de forma semanal; principalmente porque es una buena manera de recibir mucho más conocimiento en el menor tiempo posible. César está muy complacido con la dedicación de estos estudiantes y no duda en la constancia que todos van a desarrollar en muy poco tiempo.

Lo mejor de todo es que ya tiene preparadas varias clases por adelantado, porque intuía que sus estudiantes serían bastante aplicados, además la mamá de Adriana ya lo había contratado por varias semanas. Ahora que el grupo está creciendo poco a poco, es tiempo de comenzar a **diversificar** las estrategias para que todos los estudiantes puedan sacar el máximo provecho de estas clases particulares.

Aprender español puede ser difícil incluso para los hablantes nativos de la lengua, pero esto no significa que sea imposible, principalmente porque realizando los ejercicios y practicando todos pueden aprender. César sabe bien esto y por eso siempre se esfuerza por ofrecer las mejores herramientas a todos sus estudiantes.

En las próximas semanas todos podrán continuar aprendiendo cada día más, no solo para mejorar sus calificaciones en el colegio, sino para poder comprender aún más el idioma español. Al final, Adriana entendió que aprender y practicar regularmente es algo obligatorio cuando se quiere obtener los mejores resultados en un corto periodo de tiempo.

Resumen: César es un tutor que ayuda a jóvenes de secundaria con el español. En esta historia, Cesar ayuda a Adriana a comprender mejor el idioma y realizar algunas actividades. Al final, Adriana está muy agradecida de poder contar con César por enseñarle español y también con su mamá por los esfuerzos que hace para lograr pagar estas clases privadas.

Summary: Cesar is a tutor who helps high school students with Spanish. In this story, Cesar helps Adriana understand the language better and do some activities. In the end, Adriana is very grateful to be able to count on Cesar to teach her Spanish and her mother for her efforts to pay for these private classes.

Lista de vocabulario

- Particulares - Private
- Español - Spanish
- Idioma nativo - Native language
- Tutor - Tutor
- Didáctico - Didactic
- Esperando - Waiting, expecting
- Refuerzo - Reinforcement
- Aclarar - To clarify
- Atrasadas - Overdue, late (feminine, plural)
- Participar - To participate, to join, to take part, to intervene (infinitive)
- Actualmente - Currently, at the moment
- Apuntes - Notes
- Ramificaciones - Ramifications, branches
- Diversos - Diverse, various, different
- Diversificar - To diversify

Preguntas

1. ¿Desde hace cuántos años César ofrece clases particulares de español?
    a) Desde hace más de tres años.
    b) Desde hace más de seis años.
    c) Desde hace más de diez años.
    d) Desde hace más de doce años.

2. ¿Cómo se llama la alumna de César?

   a) María
   b) Adriana
   c) Gabriela
   d) Lucía

3. ¿En qué universidad estudió César?

   a) Universidad Nacional de Asunción
   b) Universidad Santa María La Antigua
   c) Universidad Latina de Panamá (ULAT)
   d) Universidad Tecnológica de Panamá (UTP)

4. ¿Qué año de Educación Media cursa Adriana?

   a) Primer año
   b) Tercer año
   c) Quinto año
   d) Séptimo año

5. ¿Cuáles eran las materias en las que Adriana tenía problemas?

   a) Matemáticas y Física
   b) Historia y Ciencias Sociales
   c) Castellano y Literatura
   d) Educación Física y Química

Respuestas

1. How many years has Cesar been offering private Spanish classes?

C: Desde hace más de diez años - For more than ten years

2. What is the name of Cesar's student?

B: Adriana

3. In which university did Cesar study?

A: Universidad Nacional de Asunción - Asuncion's National University

4. What year of Secondary Education is Adriana studying?

B: Tercer año - Third year

5. What were the subjects in which Adriana had problems?

C: Castellano y Literatura - Spanish and Literature

Historia 21

Mujer se prepara para una audición - Woman preparing for an audition

Valentina es una **actriz** de teatro y tiene más de 15 años trabajando en escena. Tiene 30 años y ha vivido toda su vida en Lima, la capital de Perú. Siempre ha sido su sueño convertirse en una actriz **famosa**. Durante toda su vida ha tenido papeles pequeños y medianos, pero nunca ha conseguido un gran **papel** que, a su parecer, es lo único que necesita para convertirse en una **estrella**.

En su tiempo libre, Valentina ofrece clases de teatro en la Escuela de Teatro de Lima, en donde ha sido capaz de ayudar a formar a grandes actores y actrices que luego participan en diversas obras de teatro, pero jamás ha sido capaz de conseguir un papel bueno para ella. Muchos le han dicho que quizás su verdadero talento es la **docencia**, cuyo destino es convertirse en una profesora de teatro a tiempo completo en la escuela, pero ella todavía no está preparada para **renunciar** a sus sueños.

Por esta razón, Valentina siempre **ocupa** su tiempo en buscar nuevas **audiciones** en donde podría ser la **candidata** perfecta, pero siempre terminan escogiéndola para papeles secundarios que, si bien son una buena oportunidad, no son exactamente lo que ella está buscando, esencialmente porque todavía no ha podido **brillar** como la actriz principal de alguna producción.

Pero esta vez algo ha cambiado. Esta vez se está preparando para su audición perfecta. El papel consiste en ser la profesora de una escuela de teatro, donde ella sería la protagonista que al final cumple sus sueños de ser una cantante famosa. Valentina no quiere ser una **cantante** famosa, pero considera que podría ser la actriz perfecta en todos los demás detalles del personaje. Además, está preparada para demostrarlo.

Es por lo que en las últimas dos semanas ha practicado incansablemente la escena que va a presentar, se ha aprendido cada una de las líneas, cada una de las pausas en la narración; incluso ha encontrado un vestuario similar al que está descrito en la obra, con la esperanza de así poder ser la elección perfecta para este papel. Cuando el día llega, ella prácticamente ha **absorbido** por completo el papel, tiene el vestuario perfecto, la entonación de voz adecuada y el estilo correcto. Llega puntual a la audición y en cuanto sube al **escenario** sabe que este es el papel más importante que presentará en su vida. Por eso debe hacerlo bien. Respira profundo para calmar un poco sus nervios y sin darle más vueltas al asunto sale de detrás del telón y comienza a **actuar**.

Al finalizar la audición, el director y todos sus asistentes están encantados con ella, por primera vez sabe que es la candidata perfecta para el puesto, y eso es exactamente lo que le dice el director de teatro, él está muy feliz de verla venir a presentarse.

El director de teatro le pide que realice una escena más para estar completamente seguros. Valentina sube al escenario y realiza la siguiente escena de la obra de teatro, escena también se aprendió durante los ensayos previos que realizó en su casa; eso parece sellar por completo el trato entre ella y el director, porque en cuanto se acerca a preguntar qué les ha parecido a todos, el director le indica que ella será la protagonista de esta obra de teatro.

Han sido muchos años de practicar, audicionar y esforzarse, pero por fin ese esfuerzo ha valido la pena y Valentina ha encontrado el puesto que siempre soñó. En cuanto llega a su clase, todos sus alumnos la felicitan por haber recibido el papel y le dicen que están muy ansiosos por ir a verla al teatro, ella se da cuenta de que el momento que estuvo esperando por fin está aquí.

Los ensayos para la obra son **agotadores** porque al ser la protagonista de la obra tiene que practicar mucho más, esto sólo la motiva aún más a seguir esforzándose y a dar todo de sí para este papel. Todos sus amigos y estudiantes la verán muy pronto en esta obra de teatro y ella por fin podrá ser la protagonista de una obra que parece haber sido escrita especialmente para ella.

Resumen: Valentina es una mujer joven, tiene 30 años y más de la mitad de su vida ha estado rodeada del teatro y la actuación. Más que una profesión, actuar es su vida, es parte de su esencia. A pesar de que ha tenido muchos buenos papeles, Valentina no ha obtenido el papel principal en una gran obra que la catapulte a la fama que tanto anhela. Sin embargo, mientras esta historia se desarrolla, Valentina por fin logrará su sueño. Cuando eres constante y apasionado, eventualmente el destino te da lo que mereces, ¡nunca dejes de luchar por tus sueños!

Summary: Valentina is a young woman; she is 30 years old, and more than half of her life has been surrounded by theater and acting. More than a profession, acting is her life. It is part of her essence. Even though she has had many good roles, Valentina has not obtained the main role in a great play that catapulted her to the fame she longs for. However, as this story unfolds, Valentina will finally achieve her dream. When you are constantly passionate, destiny eventually gives you what you deserve. Never stop fighting for your dreams!

Lista de vocabulario

- Actriz - Actress
- Famosa - Famous
- Papel - Role (in another context - paper)

- Estrella - Star
- Docencia - Teaching
- Renunciar - To quit, to give up, to resign (infinitive)
- Ocupa - Occupies (to occupy)
- Audiciones - Auditions
- Candidata - Aspirant, cpplicant, Candidate
- Brillar - To shine
- Cantante - Singer
- Absorbido - Absorbed
- Escenario - Stage
- Actuar - To perform
- Agotadores - Exhausting

Preguntas

1. ¿En qué quería convertirse Valentina?

   a) Doctora
   b) Profesora
   c) Cantante
   d) Actriz famosa

2. ¿De qué da clases Valentina?

   a) Castellano
   b) Teatro
   c) Música
   d) Danza

3. ¿Cuántos años tiene Valentina trabajando en escena?

   a) Dos años
   b) Cinco años
   c) Diez años
   d) Quince años

4. ¿En qué país ha vivido toda su vida Valentina?

   a) Venezuela
   b) Brasil
   c) Perú
   d) Chile

5. ¿En qué ocupa su tiempo Valentina?

   a) Dar clases
   b) Buscar audiciones
   c) Cantar
   d) Salir con amigos

Respuestas

1. What did Valentina want to become?

D: Actriz famosa - Famous actress

2. What does Valentina teach?

B: Teatro - Acting

3. How many years has Valentina been working on stage?

D: Quince años - Fifteen years

4. Which country has Valentina lived all her life?

C: Perú

5. How does Valentina spend her time?

B: Buscar audiciones - Searching for auditions

Historia 22

Preparando un postre para la clase - Preparing a dessert for the class

Cristian tiene 42 años y su hija María tiene 10 años. Juntos están preparando un postre típico de Guatemala para la clase de mañana. Han escogido la conserva de coco, también conocida como **dulce de coco**, un postre muy popular en la región que se realiza con coco rallado y leche de coco. Ambos han escogido este postre porque es el favorito de María, además es muy fácil de hacer.

Han estado preparando este postre toda la tarde y se han **encargado** de cocinar juntos en todo momento, para así poder compartir los pasos a seguir. Ya han preparado la **mezcla** y están dándole la forma redonda característica, de forma tal que sea más fácil de compartir.

Cristian trabaja todos los días en la oficina, pero hace todo lo posible por ayudar a su hija con las actividades **extracurriculares**; principalmente porque considera que son las actividades más divertidas. Algunas veces es necesario realizar una **maqueta**, en otras oportunidades hace falta crear material de apoyo para una exposición, sin embargo. En este caso ha sido algo completamente **diferente** porque ha incluido realizar una comida.

María está muy feliz con esta actividad en **particular** porque sabe que todos sus compañeros se están esforzando también, así que mañana será un día de probar comidas diferentes y de conocer más sobre la cultura del país. Cada uno de sus compañeros tiene un plato diferente, tanto del interior como de la capital, por lo que habrá mucho que probar.

A la mamá de María no le gustan los postres que llevan coco, por eso ha preferido no acercarse demasiado a la cocina. Ha aprovechado el tiempo libre para terminar de preparar el material de apoyo que explica el origen de las conservas de coco, su preparación y la lista de **ingredientes** a utilizar. Esto con el fin de que los asistentes puedan conocer más sobre este producto y puedan además realizarlo si quisieran.

Todos son un gran equipo en esta casa y se preocupan por las clases de María, quien siempre tiene buenas **calificaciones** gracias al apoyo de sus padres. Ahora que todo está listo para mañana, solo es tiempo de comer un par de conservas en la casa, revisar por última vez todo y descansar para el día de mañana.

A la mañana siguiente, toda la familia se dirige al colegio a ver la presentación de María, ambos padres han pedido permiso en el trabajo y están muy felices de poder **acceder** a esta actividad, principalmente porque María se ha esforzado mucho. Al llegar los padres de María pueden notar que todos los niños se han esforzado, también los amigos de María han traído sus propios dulces típicos.

Hay una gran **variedad** de colores y olores. Luego de que todos los niños realizaran su exposición, se les entregó un plato con una porción de cada dulce para que pudieran probar nuevos sabores. María está muy feliz ya que la exposición ha sido todo un éxito; se sienta con sus padres y amigos a celebrar el **éxito** de este día.

Todos los padres se han sentado junto a sus hijos y han podido compartir las experiencias de cómo fue preparar la comida, realizar el material de apoyo para las exposiciones y estudiar sobre los diferentes platos típicos de Guatemala. Es mucho más fácil comprender una explicación cuando se cuenta con material de apoyo, además se vuelve mucho más divertido cuando este es comida.

Los dulces, los olores y los colores son lo más **memorable** pero el apoyo entre padres e hijos es lo que ha hecho de este día un momento especial. Ahora que no queda más por hacer y que ya todos han vuelto a acomodar el salón, es tiempo de que continúen las clases normales.

Los padres de María y los padres de todos los niños del salón se despiden de sus hijos y de las maestras; ellos prometen volver a participar en cuanto una actividad de este tipo se vuelva a presentar. Todos están muy satisfechos con el esfuerzo realizado y prometen crear una nueva tradición escolar que les permita repetir este día en el futuro. La comida es un lenguaje universal y tanto padres como niños han aprendido algo este día.

Además, todos aprendieron acerca de la **cultura** y gastronomía guatemalteca y pasaron momentos muy divertidos mientras cocinaban. Cocinar es una actividad que puede unir a las personas, sobre todo a las familias.

Resumen: Cristian y María son un gran equipo. Juntos decidieron preparar uno de los postres típicos de Guatemala para un evento escolar. El dulce de coco que prepararon es riquísimo, además, se divirtieron y lograron el objetivo propuesto. Sin embargo, lo más importante de todo fue el trabajo en equipo. Al final, todos los niños que estudian con María hicieron un excelente trabajo y la pasaron muy bien. De ahora en adelante este evento será una tradición.

Summary: Cristian and María are a great team. Together they decided to prepare one of the typical Guatemalan desserts for a school event. The coconut candy that they prepared was delicious, and, in addition, they had fun and achieved the proposed objective. However, the most important thing of all was teamwork. In the end, all the children studying with Maria did an excellent job and had a great time. From now on, this event will be a tradition.

Lista de vocabulario

- Dulce - Sweet, candy
- Coco - Coconut
- Encargado - Being in charge (verb in past tense)
- Mezcla - Mixture
- Extracurriculares - Extracurriculars
- Maqueta - Mock-up, Model
- Diferente - Different
- Particular - Particular
- Ingredientes - Ingredients
- Calificaciones - Grades
- Acceder - To Access
- Variedad - Variety
- Éxito - Success
- Memorable - Memorable, Remarkable
- Cultura - Culture

Preguntas

1. ¿Cómo se llama el papá de María?

    a) Víctor
    b) Samuel
    c) Cristian
    d) Omar

2. ¿Qué postre estaban preparando para llevar a la escuela de María?

    a) Dulce de piña
    b) Dulce de coco
    c) Brownie
    d) Mermelada de guayaba

3. ¿En qué momento del día prepararon el postre?

    a) Mañana
    b) Tarde
    c) Noche
    d) Madrugada

4. ¿Qué edad tiene María?

    a) Cinco años
    b) Siete años
    c) Diez años
    d) Once años

5. ¿Qué ingrediente no le gusta a la mamá de María en los postres?

    a) Fresa
    b) Maní
    c) Chocolate
    d) Coco

Respuestas

1. What is the name of Maria's father?

C: Cristian

2. What dessert were they preparing to take to Maria's school?

B: Dulce de coco - Coconut sweet

3. What time of the day did they prepare the dessert?

B: Tarde - Afternoon

4. How old is Maria?

C: Diez años - Ten years old

5. What ingredient does Maria's mom not like in desserts?

D: Coco - Coconut

Historia 23

Sesión de fotos para el fin de año escolar - Photo session for the end of the school year

Se acerca el fin del ciclo educativo en Honduras y todos los colegios se preparan para **agasajar** a sus estudiantes, celebrar que han cumplido sus metas académicas y terminar las clases hasta el siguiente año. En Tegucigalpa, la capital de Honduras, muchos estudiantes están a punto de recibir su título como bachilleres técnicos, por eso todos se preparan para su acto de grado.

En Honduras es muy común que las personas escojan un **bachillerato** técnico. Este es un título que los prepara para entrar a la universidad con conocimientos **previos**, de forma tal que puedan entrar al mercado laboral con conocimientos útiles. Estos bachilleratos técnicos pueden conseguirse en ciencias, administración, salud, entre muchos otros.

En estos momentos tan importantes, todos los estudiantes se preparan para guardar estas memorias en **fotografías**. Por esa razón, los fotógrafos realizan contratos con diferentes colegios para ofrecer un buen lugar donde tomar fotos profesionales por un buen costo.

Francisco es fotógrafo, tiene 27 años y tiene más de 5 años tomando fotos en actos de grado, en colegios y en momentos especiales. Ha sido contratado para tomarle fotos a 3 promociones este año. Son 3 grupos de estudiantes que han cumplido sus metas y están listos para comenzar a trabajar, para entrar a la universidad o para realizar ambas cosas en muy poco tiempo.

Estas fotografías son muy especiales para muchos ya que les permiten guardar un momento **especial**, tenerlo impreso en una fotografía que le podrán mostrar a otros familiares; y por eso Francisco siempre se esfuerza al máximo para tomar las mejores fotografías. Tiene una cámara profesional, un pequeño set de fotos que arregla en cada colegio y un ayudante que se encarga de decirle a los alumnos cómo deben **posar** frente a la cámara.

Todas estas herramientas le permiten tener los mejores resultados y es así como muchos pueden estar felices con su trabajo. Francisco ha ido mejorando con el paso de los años, cada vez le toma menos tiempo preparar a todo un grupo de estudiantes de forma tal que todos se vean bien en la cámara. Francisco comprende además que este es un momento único e **irrepetible** para los estudiantes, por eso se toma su tiempo para hacerlo bien.

Primero le toma una foto personal a cada estudiante, luego les toma una foto con sus familiares y por último le toma una fotografía a todo el grupo, en caso de que todos quieran conservar una fotografía de su grupo de estudios. Este es un momento muy **emotivo** ya que todos están felices de haber logrado esta meta, pero además están sentimentales al saber que probablemente no volverán a ver a sus compañeros de estudio con la misma **frecuencia**.

Todos los estudiantes se arreglan bien, se preparan para sus fotos y ofrecen su mejor sonrisa, porque quieren que todo sea perfecto. Todos los estudiantes se toman su fotografía utilizando el uniforme **emblemático** de Honduras, blanco y azul para honrar los colores de la bandera; y eso permite que la fotografía grupal sea perfecta.

Los estudiantes no siempre cuentan con los recursos económicos para tomarse sus fotografías, así que Francisco siempre ofrece 2 sets de fotos gratuitos porque sabe lo difícil que es a veces reunir el dinero. De esta forma, todos pueden guardar sus recuerdos y tener un momento especial que **perdurará** en el tiempo.

Luego de que todos los estudiantes se han tomado su foto, Francisco debe comenzar la segunda fase del trabajo. Llega a su casa, carga las fotografías en la computadora y comienza a realizar algunos **retoques** para mejorar las imágenes. Esto le permite eliminar algunos detalles **indeseados**, verificar que todo esté en orden y mejorar lo que haga falta antes de entregar las fotografías.

Después de que cada una de las fotografías ha sido verificada es tiempo de escoger las mejores e imprimirlas, para luego llevarlas nuevamente al colegio y entregarlas. Es difícil escoger las mejores siempre, pero Francisco se toma su tiempo para verificar que todo está tan bien como pueda estarlo.

Los clientes de Francisco siempre estarán agradecidos con él por su tiempo y dedicación, que se ve reflejada en cada una de las fotografías. Francisco siempre estará feliz de poder compartir momentos especiales con los estudiantes que están a punto de graduarse. Él ha aprendido algo invaluable, la fotografía no se trata de las fotos nada más sino de los recuerdos que quedarán grabados para siempre.

Resumen: Francisco es un joven adulto dedicado a la fotografía. Lleva unos pocos años dedicándose a esto y le apasiona enormemente ver los momentos que puede capturar con el lente de su cámara. Para Francisco no es una foto más sino un conjunto de emociones, una gama de factores que hace que cada momento capturado sea único e inigualable. Sus clientes lo quieren y están felices con los resultados, así que todos ganan.

Summary: Francisco is a young adult dedicated to photography. He has been doing this for a few years and is highly passionate about seeing the moments he can capture with the lens of his camera. For Francisco, it is not just another photo but a set of emotions, a range of factors that makes each captured moment unique and incomparable. His clients love him and are happy with the results, so everyone wins.

Lista de vocabulario

- Agasajar - To treat well (infinitive)
- Bachillerato - High School
- Previos - Previous
- Útiles - Useful
- Fotografías - Photographs, pictures
- Especial - Special
- Posar - To pose
- Irrepetible - Unrepeatable
- Emotivo - Emotional, emotive
- Frecuencia - Frequency
- Emblemático - Emblematic
- Perdurará - Will endure, will last (future tense)
- Luego - Later, then
- Retoques - Tweaks
- Indeseados - Unwanted (plural)

Preguntas

1. ¿De qué color se vistieron los estudiantes el día de la graduación?

    a) Rojo y negro
    b) Blanco y azul
    c) Amarillo y verde
    d) Azul y negro

2. ¿Cuál es la capital de Honduras?

    a)   Choluteca
    b)   Choloma
    c)   Danlí
    d)   Tegucigalpa

3. ¿A qué se dedica Francisco?

    a)   Arquitecto
    b)   Ingeniero
    c)   Fotógrafo
    d)   Doctor

4. ¿Cuántas veces ha sido contratado Francisco este año?

    a)   Cinco veces
    b)   Ocho veces
    c)   Tres veces
    d)   Dos veces

5. ¿En qué áreas pueden conseguirse los bachilleratos técnicos?

    a)   Ciencias
    b)   Administración
    c)   Salud
    d)   Todas las anteriores

Respuestas

1. What color did the students wear on graduation day?

B: Blanco y azul - White and blue

2. What is the capital of Honduras?

D: Tegucigalpa

3. What is Francisco's occupation?

C. Fotógrafo - Photographer

4. How many times has Francisco been hired this year?

C: Tres veces - Three times

5. In what areas can technical baccalaureates be obtained?

D: Todas las anteriores - All of the above

Historia 24

Conferencia antes de iniciar en la universidad - Lecture before starting college

Antonia tiene 55 años y ha sido profesora de la Universidad de Costa Rica por más de 20 años. Esta universidad se encuentra en San José, capital de Costa Rica, y es una de las más **prestigiosas** de América Latina. Antonia siempre ofrece la **conferencia** de bienvenida a los nuevos estudiantes, porque le encanta conocer los rostros de aquellos que se convertirán en el orgullo del país.

Lo que más disfruta de ofrecer esta conferencia es poder aclarar las dudas de los futuros estudiantes de la universidad, también poder ayudarlos en su proceso de **adaptación**. Antonia les da la información que ella quisiera haber recibido en su bienvenida, por eso siempre se ofrece a ayudarlos en todo lo que necesiten.

Una de las cosas más importantes de entrar a la universidad es saber dónde se encuentran las cosas, ya que es un nuevo ambiente, con nuevos compañeros y profesores. Esto puede ser **abrumador** al principio, pero con la dosis justa de información los primeros días pueden ser más **llevaderos**, principalmente si los profesores están dispuestos a ayudar y contestar **inquietudes**.

La parte favorita de Antonia al momento de ofrecer la conferencia es ponerse a la orden, decirles a los estudiantes que pueden contactarla en todo momento, especialmente porque esto les permite sentirse en confianza; muchos le escriben únicamente para darles las gracias, sin embargo, otros le escriben con **genuinas** dudas que podrían no haberle preguntado a nadie.

Es difícil ser el chico nuevo para cualquiera, pero contar con una red de apoyo puede ser un cambio **favorable** para cualquier estudiante, especialmente en los primeros días. Otra cosa que disfruta Antonia al momento de ofrecer estas conferencias es que da la oportunidad a los estudiantes de conocerse antes de su primer día de clases, conocer cuáles son las rutinas dentro de la universidad y comprender cómo se manejan las cosas aquí.

No es un trabajo fácil y no todos los semestres tiene el mismo ánimo, pero siempre tiene una sonrisa en el rostro para ayudarlos a sentirse en confianza. Además de ofrecer la conferencia de bienvenida, Antonia da clases de Orientación a los estudiantes de primer semestre de diversas carreras, allí tiene una segunda oportunidad de ayudar a tantos como le sea posible, para que no se sientan demasiado **confundidos** con el **funcionamiento** de la universidad.

Luego de que todos se adaptan a las costumbres de la universidad, lo único que queda es mantener la puerta abierta para que siempre tengan oportunidad de acercarse. La universidad no debería ser tan difícil como algunos dicen, además con el apoyo adecuado es posible lograr grandes progresos entre los estudiantes.

Lo mejor de todo es que cada nuevo semestre hay un nuevo grupo de estudiantes emocionados por comenzar sus clases, atentos a todas las nuevas oportunidades, con las mismas dudas y los mismos miedos y la profesora Antonia siempre está allí esperando para poder ayudarlos.

Gracias a que ha realizado esta labor por los últimos 8 años, muchos estudiantes se han convertido en el apoyo de los de niveles **inferiores**, lo que ha mejorado la comunidad universitaria de forma **orgánica**. Cuando un estudiante recibe el apoyo que necesita en el momento justo se le hace más fácil poder ayudar a otros a adaptarse, y eso es exactamente lo que ha venido ocurriendo.

En el futuro, cuando la profesora Antonia se jubile, ella espera poder ver a alguno de sus antiguos estudiantes tomar su puesto en la conferencia de bienvenida, para que siempre haya alguien que espere a los nuevos estudiantes con los brazos abiertos. Una comunidad que se apoya mutuamente es una comunidad que está destinada a **crecer** y a desarrollarse **sanamente** y esto es exactamente lo que se está logrando.

La Universidad de Costa Rica es una de las mejores de la región y recibe una gran cantidad de estudiantes del interior del país. Estos son los primeros en necesitar un poco de apoyo extra para poder adaptarse a las costumbres de la capital. Estas conferencias les permiten ayudarse, conocerse en un ambiente más tranquilo y menos estresante, así como tener una idea de cuál es el futuro que les espera.

Antonia está muy feliz de todo el progreso que ha logrado en la comunidad estudiantil. Ella espera que este progreso no se acabe en el futuro **próximo**.

Resumen: Antonia es una profesora de la Universidad que le da la bienvenida a los nuevos ingresos cada año. Antonia ama este trabajo porque puede codearse con los jóvenes talentos del país que luego serán un orgullo para la nación. Antonia ayuda a los estudiantes en su proceso de adaptación porque sabe lo difícil que puede ser esta etapa. A cambio, recibe el cariño y agradecimiento de todos los estudiantes.

Summary: Antonia is a professor at the University who welcomes new entrants every year. Antonia loves this job because she can rub shoulders with the country's young talents, who will later be a source of pride for the nation. Antonia helps students in their adaptation process because she knows how difficult this stage can be. In return, she receives the affection and gratefulness of all the students.

Lista de vocabulario

- Prestigiosas - Prestigious, influential (feminine, plural)
- Conferencia - Conference, lecture
- Adaptación - Adaptation
- Abrumador - Overwhelming
- Llevaderos - Bearable
- Inquietudes - Concerns
- Genuinas - Genuine, authentic (feminine, plural)
- Favorable - Favorable
- Confundidos - Confused
- Funcionamiento - Functioning, performance, operation
- Inferiores - Inferior (plural)
- Orgánica - Organic (feminine)
- Crecer - Grow up
- Sanamente - Healthily
- Próximo - Near, close, next

Preguntas

1. ¿En qué país se encuentra la universidad donde trabaja Antonia?

    a) Costa Rica
    b) Guatemala
    c) Panamá
    d) Argentina

2. ¿Qué edad tiene Antonia?

    a) Veinticinco años
    b) Treinta años
    c) Veintitrés años
    d) Cincuenta y cinco años

3. ¿De qué da clases Antonia?

    a) Física
    b) Canto
    c) Orientación
    d) Inglés

4. ¿Cuál es la capital de Costa Rica?

    a) Liberia
    b) Golfito
    c) San José
    d) Limón

5. ¿Cómo se siente Antonia con todo el progreso de la comunidad estudiantil?

    a) Molesta
    b) Muy feliz
    c) Triste
    d) Decepcionada

Respuestas

1. In which country is the university where Antonia works?

A: Costa Rica

2. How old is Antonia?

D: Cincuenta y cinco años - Fifty-five years old

3. What does Antonia teach?

C: Orientación - Orientation

4. What is the capital of Costa Rica?

C: San José

5. How does Antonia feel about all the progress of the student community?

B: Muy feliz - Very happy

Historia 25

Vecinos conversando sobre cuidar el jardín - Neighbors talking about taking care of the garden

Sergio y Leonela han sido vecinos por casi 20 años y procuran conversar al menos una vez a la semana sobre los temas más triviales. Ambos tienen 40 años y han tenido oportunidad de criar a sus hijos juntos, celebrar navidades y festividades juntos. En muchos **aspectos** son casi como hermanos, la familia que **escogieron**.

Tienen gustos en común, entre los que se encuentran cuidar el jardín y plantar nuevos **arbustos** y árboles cada vez que tienen oportunidad, con la intención de ver hasta qué punto pueden hacerlos crecer. Hace mucho tiempo se dieron cuenta de que, si cada uno siembra un tipo de planta diferente, podrán tener mayor variedad en **menos** tiempo y eso es exactamente lo que han hecho.

Lo mejor de todo es que en caso de que una planta de unos resultados **excepcionalmente** buenos siempre es posible compartir un **retoño** con el otro, para así no tener que comprar otra planta. De esa forma, han mantenido una pequeña tradición y han visto crecer ambos jardines de forma maravillosa. Ahora que los hijos de Leonela han crecido y se han ido a vivir a su propia casa, ella y su esposo tienen mucho más tiempo libre, entre el trabajo y el cuidado del hogar.

Sergio y Leonela conversan **frecuentemente** sobre lo que fue su vida durante todo este tiempo que han sido vecinos, sobre cómo han visto a sus hijos crecer y hacer sus propias vidas y sobre cómo seguramente de ahora en adelante compartirán más tiempo entre vecinos que con sus propios hijos.

Ha sido difícil para Leonela adaptarse a esta nueva realidad, principalmente porque siempre se imaginó que su casa estaría llena de ruido, diversión y risas infantiles; pero luego de 3 hijos ya no pudo seguir **concibiendo** y tuvo que conformarse con eso. Ahora esos 3 hijos han hecho su propia vida, estudian en la universidad y se la pasan la mayor parte del tiempo ocupados en sus propias cosas.

El esposo de Leonela también se ha tenido que volver a acostumbrar al silencio del hogar, pero para él ha sido un poco más fácil. Siempre imaginó que sus hijos eventualmente harían su propia vida y en cuanto supo que no podrían tener la gran familia que siempre soñaron decidió aprovechar estos años al máximo. **Ahora** solo le queda esperar el momento en el que pueda celebrar la dicha de ser abuelo. **Mientras** tanto aprovechará este nuevo tiempo con su esposa y con sus vecinos que están a punto de vivir esta experiencia.

El señor Sergio ha aprovechado la experiencia de sus vecinos para prepararse, ya que sus hijos son un poco más jóvenes. Aunque el mayor este año irá a la universidad y ha realizado nuevas actividades para compartir con todos mientras vivan bajo el mismo techo. También se ha encargado de invitar a la señora Leonela y a su esposo para que no se sientan solos ni **relegados**.

Todos los padres enfrentan un momento en el que tienen que ver a sus hijos partir, pero el saber que han hecho un buen trabajo les permite estar seguros de que ellos volverán en cuanto se hayan abierto su propio camino en el mundo. Leonela y su esposo todavía se están **adaptando** a la nueva vida solos, esto les permitirá también vivir nuevas experiencias, así como rememorar momentos de su juventud.

Mientras tanto, Leonela y Sergio no dejan **desatendidos** los jardines y continúan hablando sobre cómo hacer crecer de la mejor forma las plantas, de cuál es el mejor abono y cuál es la mejor hora de riego. Esto es lo que siempre los ha unido como vecinos y lo que les permite tiempo para hablar de la familia y las responsabilidades.

El señor Sergio nunca ha podido convencer a su esposa de que aprenda un poco más de jardinería, pero esto nunca los ha separado ya que tienen muchas más cosas en común. Además, el hecho de que su esposa no se encuentre nunca al pendiente del jardín es lo que le ha permitido a Sergio regalarle flores recién cortadas, y que siempre sea una sorpresa **placentera**.

El tiempo en el jardín puede ser para mucho más que simplemente **cultivar** plantas, y tanto Leonela como Sergio lo han podido aprender con el tiempo. Esta es una costumbre que perdurará por mucho tiempo.

Resumen: Sergio y Leonela son vecinos desde hace mucho tiempo. Una de las cosas que más disfrutan además de conversar, es mantener sus jardines regados, plantar árboles e intercambiar sus cosechas. Sergio y Leonela tienen sus respectivas parejas y familias. En esta historia podemos ver que, aunque la dinámica familiar de cada uno es diferente, siempre encuentran tiempo para compartir la actividad que les apasiona. Más que vecinos se han convertido en muy buenos amigos.

Summary: Sergio and Leonela have been neighbors for a long time. One of the things they enjoy most besides talking is keeping their gardens watered, planting trees, and exchanging their crops. Sergio and Leonela have their respective partners and families. In this story, we can see that, although the family dynamics of each one are different, they always find time to share the activity they are passionate about. More than neighbors, they have become excellent friends.

Lista de vocabulario

- Aspectos - Aspects, bearings
- Escogieron - To choose (in the past tense, conjugated first person plural)
- Arbustos - Bushes
- Menos - Less, fewer
- Excepcionalmente - Exceptionally
- Retoño - Sprout
- Frecuentemente - Frequently
- Concibiendo - Conceiving, giving birth
- Ahora - Now
- Mientras - While
- Relegados - Relegated
- Adaptando - Adapting (gerund)
- Desatendidos - Unattended
- Placentera - Pleasurable, delectable
- Cultivar - To cultivate, to grow, to farm (infinitive)

Preguntas

1. ¿Qué son Sergio y Leonela?

    a) Esposos
    b) Amigos
    c) Vecinos
    d) Primos

2. ¿Qué cosas en común tienen Sergio y Leonela con respecto a sus pasatiempos?

   a) Cantar
   b) Bailar
   c) Plantar arbustos y árboles
   d) Comer helado

3. ¿Cómo le gusta a Sergio sorprender a su esposa?

   a) Con chocolates
   b) Una carta
   c) Un collar
   d) Con Flores recién cortadas

4. ¿Por cuánto tiempo han sido vecinos Sergio y Leonela?

   a) Cinco años
   b) Siete años
   c) Veinticinco años
   d) Veinte años

5. ¿Con quienes viven Sergio y su esposa?

   a) Solos
   b) Con sus hijos
   c) Con sus padres
   d) Con sus vecinos

Respuestas

1. What are Sergio and Leonela?

C: Vecinos - Neighbours

2. What things do Sergio and Leonela have in common regarding hobbies?

C: Plantar arbustos y árboles - Planting bushes and trees

3. How does Sergio like to surprise his wife?

D: Flores recién cortadas - Freshly cut flowers

4. How long have Sergio and Leonela been neighbors?

D: Veinte años - Twenty years

5. Who do Sergio and his wife live with?

B: Con sus hijos - With their children

Historia 26

Preparando la comida de la semana - Preparing the week's meals

Max trabaja como **paramédico** en Sucre, capital de Bolivia. Él tiene que prepararse con **antelación** para garantizar que todo está en orden dentro de su casa durante la semana. Max trabaja de lunes a viernes y siempre necesita estar **disponible** en caso de que haya alguna **emergencia** o que el hospital donde trabaja tenga problemas de personal; por eso, procura mantener su vida lo más organizada posible.

Una de las mejores herramientas para estar siempre preparado es realizar todas las comidas de la semana los domingos en la mañana. Esto le ha permitido tener siempre una buena comida dentro de una dieta balanceada. Los domingos Max prepara diferentes tipos de pollo y carne, así como acompañantes como arroz, puré de papas y ensaladas. Los **envasa** individualmente, de forma tal que sean sencillos de escoger y llevar al trabajo.

Tener comida lista le permite además ahorrar un poco de dinero, ya que así no necesita hacer gastos adicionales en cuanto a comidas cerca del hospital, que por lo general son más costosas y menos **nutritivas**. Al principio le costaba tenerlo todo listo, pero en cuanto encontró una rutina que le permitiera adaptarse logró organizarse mejor.

Lo primero que hace al salir del trabajo los viernes es verificar qué comida le queda en la casa, de este modo no compra cosas que ya tiene y puede sacarles máximo provecho a todos sus alimentos. Luego realiza una lista de los víveres que hacen falta y el sábado sale al mercado popular y compra todo lo necesario para las comidas de la semana. Durante estas compras escoge las mejores frutas y verduras, así como toda la carne que necesitará.

Una vez tiene toda su comida en casa, comienza a decidir qué **platillos** preparará para esta semana y deja todo listo para el domingo, día exclusivo para cocinar. Desde la mañana comienza a preparar los diferentes guisos para terminar temprano y poder esperar a que todo se enfríe a su propio tiempo. Ya en la noche se encarga de dividir en porciones las comidas, colocarlas en sus respectivos envases **rotulados** y guardar todo para comenzar la siguiente semana.

Esta rutina puede parecer complicada al principio, pero es la mejor forma de garantizar un poco de variedad en las comidas, así como un buen plato cada día. Al principio Max realizaba un solo tipo de comida y lo dividía en porciones, pero luego se dio cuenta de que hacer un poco de cada comida le tomaba el mismo tiempo y le dejaba un menú más variado.

A sus 20 años, Max ha tenido que aprender mucho sobre cómo conservar los alimentos, pero no se arrepiente de nada porque disfruta comer sano y balanceado cada vez que puede. Además, la comida saludable tiende a ser más costosa cuando se compra en los locales cercanos al hospital.

Ahora Max ya no tiene prácticamente ningún problema. Incluso ha tenido la oportunidad de explicarle a algunos **compañeros de trabajo** cómo logra estar siempre preparado en su hogar y cómo es capaz de organizarse para tener siempre algo delicioso para comer. Trabajar como paramédico es muy cansado e implica mucho esfuerzo físico, así como estar preparado para salir a atender todo tipo de emergencias, pero con una buena alimentación todo este trabajo es más **manejable**.

Es así como Max puede tener una vida más equilibrada, una dieta más balanceada y una rutina mejor **estructurada**. El trabajo como paramédico puede ser **estresante** y la mayor parte del tiempo las llamadas son de sorpresa; pero tener una vida organizada en casa ayuda a mantener la calma y la **cordura** en tiempos de **tensión** Esto es lo que lo motiva siempre a tomarse el tiempo para realizar todas estas actividades.

Al principio ir al mercado popular puede sentirse como una **pérdida de tiempo**, pero la oportunidad de comprar frutas y verduras frescas vale totalmente la pena. Además, yendo al mercado nunca se sabe a ciencia cierta qué es lo que se puede encontrar, principalmente porque los productos varían en base a la temporada y esto es lo que le permite a Max variar tanto la alimentación.

Tener un trabajo **estresante** y una rutina balanceada es posible. Además, Max se encarga de ayudar a todos sus compañeros de trabajo con nuevos datos interesantes cada vez que tiene la oportunidad.

Resumen: Max es un paramédico que trabaja a tiempo completo en un hospital de Bolivia. Como pasa la mayor parte de su tiempo ocupado, dispuesto y disponible siempre para cuando una situación de emergencia se presente, Max se ha organizado de manera tal que prepara sus comidas de toda la semana durante el domingo. De esta manera ahorra tiempo y dinero, y, además, logra mantener una dieta balanceada que lo ayuda a tener energía para afrontar su trabajo con un gran desempeño. Esto lo ha convertido en un ejemplo a seguir entre sus colegas, y él muy humildemente procura enseñarles a tener buenos hábitos que los ayuden de la misma manera.

Summary: Max is a paramedic working full-time at a Bolivia hospital. As he spends most of his time busy, ready, and always available when an emergency arises, Max has organized himself so that he prepares his meals for the whole week on Sunday. In this way, he saves time and money, and maintains a balanced diet that helps him have the energy to face his work with great performance. This has made him an example to follow among his colleagues, and he very humbly tries to teach them to have good habits that help them in the same way.

Lista de vocabulario

- Paramédico - Paramedic
- Antelación - Anticipation
- Disponible - Available
- Emergencia - Emergency
- Envasa - To pack (third person in present tense)
- Nutritivas - Nourishing
- Platillos - Meals
- Rotulados - Labeled, marked
- Compañeros de trabajo - Coworkers
- Manejable - Manageable
- Estructurada - Structured
- Cordura - Sanity
- Tensión - Tension, stress, pressure
- Pérdida de tiempo - Waste of time
- Estresante - Stressful

Preguntas

1. ¿De qué trabaja Max?

    a) Trabaja administrando una empresa
    b) Trabaja como vendedor de ropa

    c)   Trabaja como paramédico
    d)   Trabaja limpiando casas

2. ¿Qué días trabaja Max?

    a)   De lunes a miércoles
    b)   De lunes a viernes
    c)   Todos los días
    d)   Fines de semana

3. ¿Cuál es la capital de Bolivia?

    a)   La Paz
    b)   El Alto
    c)   Sucre
    d)   Tarija

4. ¿Qué días organiza la comida Max?

    a)   Los lunes
    b)   Los domingos
    c)   Los jueves
    d)   Los sábados

5. ¿Qué edad tiene Max?

    a)   Quince años
    b)   Veinte años
    c)   Veinticinco años
    d)   Treinta y cinco años

Respuestas

1. What does Max do for a living?

C: Trabaja como paramédico - He works as a paramedic

2. What days does Max work?

B: De lunes a viernes - From Monday to Friday

3. What is the capital of Bolivia?

C: Sucre

4. What days does Max organize food?

B: Los domingos - On Sundays

5. How old is Max?

B: Veinte años - Twenty years old

Comprando flores para el aniversario - Buying flowers for the anniversary

Juan Carlos tiene 31 años casado con su esposa, pero ha estado enamorado de ella por los últimos 40 años de su vida. Se conocieron cuando ambos estaban terminando bachillerato y desde entonces no han dejado de estar juntos. Lola tiene 57 años, al igual que su esposo, no recuerda ningún momento importante de su vida que no haya sido junto a él; ella espera que esto continúe así por al menos 30 años más.

Juan Carlos tiene una costumbre muy particular para cada aniversario. Se trata de escoger las flores más hermosas de la **floristería** que queda cerca de su trabajo, sin importar cuál sea el tipo de flor, pedir un **ramo**. Ambos son de Venezuela y han vivido en la ciudad de Valencia desde que se casaron. Algunos años le ha llevado **girasoles** a su esposa, otras veces le ha llevado rosas, en algunas ocasiones incluso le ha llevado crisantemos, aunque estas flores sean típicamente asociadas con los funerales.

No importa cuál sea el tipo de flor, lo único que importa es que sean las flores más frescas, más grandes y más hermosas de la floristería, además es una tradición que planea mantener mientras pueda. En la floristería los trabajadores ya conocen a Juan Carlos, principalmente porque él compra flores en otras oportunidades también, y no únicamente para los aniversarios, pero esta es una fecha especial.

Para cada aniversario, Juan Carlos se encarga de detallar cada uno de los ramos de flores, evalúa cada tipo de flor de forma independiente, para **cerciorarse** de que en efecto ha escogido el grupo de flores más hermoso. Esto puede tomarle 15 minutos, así como puede quedarse hasta 2 horas mirando entre dos tipos de flores diferentes, hasta estar completamente **seguro** de que ha escogido el correcto.

Los trabajadores de la floristería ya están acostumbrados a esta situación, por lo que siempre le ofrecen todo el tiempo que necesite para garantizar que escoja las flores perfectas. Y en esta oportunidad no será la excepción. Al salir del trabajo Juan Carlos se dirige directamente a la floristería, saluda a los trabajadores y sin perder tiempo comienza a ver cada una de las flores que se encuentra en el local.

Mira todos los diferentes tipos de rosas, hay rosas rojas, azules, amarillas, blancas e incluso **moradas**; también mira los girasoles, las margaritas, las azucenas, los tulipanes, pero ninguna flor parece convencerlo del todo. Cada grupo de flores se ve igualmente hermoso, Juan Carlos está a punto de darse por vencido cuando de repente ve entrar a uno de los trabajadores con una carga de **claveles**, él sabe que ha encontrado una clara ganadora entre todas las flores.

Los claveles acaban de llegar y están completamente abiertos y olorosos, perfectos para el ramo de flores de aniversario. La **trabajadora** que realiza los arreglos se da cuenta de que Juan Carlos ya ha tomado su decisión y sin perder el tiempo comienza a **armar** el ramo de claveles más hermoso que se ha realizado en esta tienda en los últimos meses.

Juan Carlos ha escogido cada una de las flores **manualmente**, verificando que tienen el color y la belleza perfectos para el día de hoy, mayormente los ha escogido morados, pero también ha incluido algunos claveles blancos y un clavel amarillo que estaba excepcionalmente hermoso. Para cuando la trabajadora ha terminado con el ramo de claveles todos los presentes coinciden en que es un excelente arreglo floral, sin perder más tiempo Juan Carlos se dirige a su casa.

Allá lo espera su esposa Lola que ha preparado una cena romántica a la luz de las **velas**, con la comida favorita de Juan Carlos. Ha colocado música especial, con el volumen **justo** para garantizar que podrán hablar sin problemas y ha hecho algunas decoraciones para que Juan Carlos pueda ver lo **enamorada** que está de él.

En el centro de la mesa hay un **florero** vacío esperando las flores que sabe que su esposo traerá; aunque no las ha visto está completamente segura de que le encantarán. Cada año las flores son aún más hermosas y es una de las tradiciones más bellas que tienen dentro de su relación. Ha habido años difíciles económicamente en los que no han podido celebrar como quisieran, pero incluso en esos años Juan Carlos ha encontrado la forma de traerle así sea un pequeño ramo de flores. Y estas siempre son las más hermosas de la **temporada**.

Resumen: Juan Carlos y Lola son una pareja muy especial. Llevan casados más de 30 años y enamorados por lo menos 40 años. Juan Carlos tiene una tradición muy linda y especial: cada aniversario le lleva un ramo de flores a su esposa. Sin embargo, este ramo de flores no es cualquier ramo, Juan Carlos se esmera y escoge cuidadosamente las flores, es algo de mucha importancia para él. A pesar de haber tenido momentos difíciles en el ámbito económico, Juan Carlos nunca le ha dejado de regalar un ramo de flores a Lola en cada aniversario. Esta historia nos enseña la importancia de los detalles, de seguir demostrando amor en las cosas pequeñas a pesar de los años que hayan pasado. Siempre se deben cuidar las relaciones que tenemos con nuestros seres queridos, más aún si se trata de la persona con quien escogimos pasar el resto de nuestras vidas.

Summary: Juan Carlos and Lola are a great couple. They have been married for more than 30 years and in love for at least 40 years. Juan Carlos has a beautiful and unique tradition: on each anniversary, he brings a bouquet to his wife. However, this bouquet of flowers is not just any bouquet. Juan Carlos takes care and wisely chooses the flowers, which is important to him. Despite having had difficult times economically, Juan Carlos has never stopped giving Lola a bouquet on each anniversary. This story teaches us the importance of details and continuing to show love in small things despite the years that have passed. The relationships we have with our loved ones should always be taken care of, and even more so if it is the person with whom we choose to spend the rest of our lives.

Lista de Vocabulario

- Floristería - Flower shop
- Ramo - Bouquet
- Girasoles - Sunflowers
- Cerciorarse - To make sure
- Seguro - Sure, confident
- Moradas - Purple (feminine, plural)
- Claveles - Carnations
- Trabajadora - Worker (feminine, singular)
- Armar - To assemble
- Manualmente - Manually (adverb)
- Velas - Candles
- Justo - Just
- Enamorada - In love (feminine) ; masculine version - enamorado
- Florero - Vase
- Temporada - Season

Preguntas

1. ¿En qué fecha le da Juan Carlos flores a su esposa Lola?

    a) Navidad
    b) Cumpleaños
    c) Aniversario
    d) San Valentín

2. ¿En qué ciudad de Venezuela viven Juan Carlos y Lola?

    a) Maracaibo
    b) Valencia
    c) Caracas
    d) Puerto Ordaz

3. ¿Qué tipo de flores le regala Juan Carlos a Lola en esta ocasión?

    a) Girasoles
    b) Tulipanes
    c) Rosas
    d) Claveles

4. ¿Qué hay en el centro de la mesa cuando Juan Carlos llega a su casa?

    a) Un plato
    b) Una vela
    c) Un florero vacío
    d) Un mantel

5. ¿Qué colores tiene el ramo que Juan Carlos escogió?

    a) Blanco, verde y rojo
    b) Morado, blanco y amarillo
    c) Azul, rojo y blanco
    d) Naranja, rosado y blanco

Respuestas

1. On what date does Juan Carlos give flowers to his wife, Lola?

C: Aniversario - Anniversary

2. In which city do Juan Carlos and Lola live?

B: Valencia

3. What kind of flowers does Juan Carlos give Lola on this occasion?

D: Claveles - Carnations

4. What is in the center of the table when Juan Carlos arrives at his house?

C: Un florero vacío - An empty vase

5. What colors does the bouquet Juan Carlos choose to have?

B: Morado, blanco y amarillo - Purple, white and yellow

Historia 28

Maestra de preescolar acomodando los creyones - Preschool teacher arranging the crayons

Hoy ha sido un día muy agotador para Marta **porque** ha estado trabajando toda la mañana. Marta es maestra de preescolar y el día de hoy ha comenzado a enseñarle a sus alumnos a identificar los **colores**, pero todos se han confundido **un poco**. Esta es una clase difícil al comienzo, aunque por suerte siempre hay varios alumnos que ya vienen con conocimientos que les han enseñado en casa.

Lo bueno de todo es que a partir de este momento la comunicación con los niños se vuelve mucho más sencilla, ya que son capaces de **ubicar** objetos por colores, se divierten más al momento de **colorear** y son más felices cuando son capaces de identificar los colores por sí mismos. Además, siempre es un momento de satisfacción profesional ver cómo los padres se sorprenden con el crecimiento y desarrollo cognitivo de sus hijos, así comienzan a prestar más atención a las clases y a las actividades en casa.

El preescolar se encuentra en San Diego, una zona de Santiago, la capital de Chile. Este colegio es muy reconocido por la comunidad ya que siempre se realizan actividades culturales que incluyen a los vecinos. Los niños llegan **temprano** y quieren comenzar a jugar desde ese momento, pero es trabajo de las maestras garantizar que primero vean una buena clase antes de divertirse un poco más.

Marta tiene 35 años y ha trabajado como maestra **durante** los últimos 8 años. Ha tenido oportunidad de aprender mucho más de lo que jamás habría imaginado. Durante este tiempo ha podido **aplicar** muchos de los conocimientos que recibió en la universidad, pero también ha aprendido a escuchar a sus alumnos y a los representantes, especialmente a aquellos que tienen más de un hijo y ya han tenido experiencia con esta etapa del desarrollo.

Además, muchos de los compañeros de trabajo de Marta siempre están dispuestos a compartir su conocimiento con ella, porque lo más importante para todos es que los niños aprendan, se desarrollen y vivan todas las **experiencias** que necesitan. El día de hoy ha sido agotador pero lo importante es que todos los niños han tenido oportunidad de hacer preguntas y ser escuchados, ya el día de mañana podrán seguir **aprendiendo** y divirtiéndose.

Los **creyones** son parte fundamental de esta clase, especialmente los creyones de cera. Estos traen su nombre escrito al **dorso** de los lápices de color, pero también se utilizan otros objetos como material de apoyo, juguetes de un color en específico que le permita a los niños estar siempre **concentrados** y entretenidos.

Ya para el día de mañana será más sencillo, porque los niños tienen una idea general sobre los colores, pero siempre es difícil verificar que ellos comprenden la diferencia entre colores y no están únicamente tratando de identificar las formas de los **juguetes** en vez del color con el que fueron realizados. Muy pronto podrán comenzar a colorear sus dibujos en colores específicos, por lo pronto hace falta avanzar poco a poco.

Cuando por fin ha terminado de acomodar todo el salón, revisando que no quede nada debajo de las pequeñas mesas, Marta sale y se reúne con el resto de sus compañeros de trabajo, donde todos van en grupo a tomar el metro de la ciudad. Santiago es reconocido a nivel internacional por su metro, ya que es un muy buen método de transporte y ocupa grandes tramos de la ciudad.

Marta siempre quiso ser maestra, principalmente porque ama trabajar con niños pequeños y apoyarlos en su desarrollo, pero nunca imaginó que sería un trabajo tan agotador. Los niños siempre están corriendo y jugando; hace falta mucha paciencia y entereza para hacer un buen trabajo. Aunque todo este esfuerzo es recompensado con creces gracias a la felicidad de los niños y al agradecimiento de los padres.

Ser maestra de preescolar es una carrera maravillosa. Marta quiere poder seguir trabajando durante mucho tiempo más para poder seguir acompañando a sus niños en el proceso. En estos 8 años ha podido divertirse mucho conociendo familias enteras, recibiendo primero al hermano mayor y luego al hermano menor, pudiendo ver las diferencias y semejanzas entre cada uno. Aprender el **nombre** de cada uno de los colores es tan solo una de las partes que conforman el ser una maestra de preescolar, el resto es diversión, compromiso y amor.

Resumen: Marta es una maestra de preescolar con un gran corazón. Aunque a veces se agota por tanto trabajo, siempre reúne nuevas energías para seguir enseñando a sus pequeños alumnos cada día. Marta lleva ocho años como docente y aunque a veces se ha sentido muy cansada por todo el esfuerzo que requiere esta profesión, su compromiso y amor para con sus estudiantes es mucho más grande. Marta quiere seguir siendo maestra por muchos años más para seguir guiando a cada niño en el proceso de aprendizaje y desarrollo de sus habilidades cognitivas.

Summary: Marta is a preschool teacher with a big heart. Although she sometimes gets exhausted from so much work, she always gathers new energy to continue teaching her little students every day. Marta has been a teacher for eight years, and although she has sometimes felt very tired because of all the effort, this profession requires, her commitment and love for her students are much more significant. Marta wants to continue being a teacher for many more years to continue guiding each child in the process of learning and developing their cognitive skills.

Lista de vocabulario

- Porque - Because
- Colores - Colors
- Un poco - A little, a bit
- Ubicar - Locate
- Colorear - To color, to paint
- Temprano - Early
- Durante - During
- Aplicar - To apply
- Experiencias - Experiences
- Aprendiendo - Learning (gerund)
- Creyones - Crayons
- Dorso - Back, Reverse
- Concentrados - Focused (plural)
- Juguetes - Toys
- Nombre - Name

Preguntas

1. ¿En qué momento ha estado trabajando Marta?
    a) Toda la mañana
    b) Toda la tarde
    c) Toda la noche
    d) Toda la madrugada

2. ¿En qué zona de Santiago se encuentra el preescolar donde trabaja Marta?

    a) Plaza de Armas
    b) Barrio Bellavista
    c) San Diego
    d) Cerro Santa Lucía

3. ¿Cuánto tiempo lleva Marta trabajando como maestra?

    a) Tres años
    b) Cinco años
    c) Ocho años
    d) Diez años

4. ¿Con quién se reúne Marta cuando termina de acomodar el salón?

    a) Con su esposo
    b) Con sus amigos
    c) Con sus alumnos
    d) Con sus compañeros de trabajo

5. ¿Qué cosa de Santiago es reconocida a nivel internacional?

    a) Las playas
    b) El clima
    c) El turismo
    d) El metro

Respuestas

1. When has Marta been working?

A: Toda la mañana - All morning

2. In which area of Santiago is the preschool where Marta works?

C: San Diego

3. How long has Marta been working as a teacher?

C: Ocho años - Eight years

4. Who does Marta meet with when she finishes arranging the room?

D: Con sus compañeros de trabajo - With her coworkers

5. What thing about Santiago is internationally recognized?

D: El metro - The subway

Historia 29

Alberto, el chofer de bus - Albert, the bus driver

Alberto es un conductor de bus y ha trabajado durante más de quince años en la misma ruta. Alberto cubre la ruta desde la ciudad de La Paz hasta la ciudad Sucre, de regreso otra vez, siempre tiene oportunidad de disfrutar del **paisaje**. El trabajo puede ser un poco **monótono** a veces, pero él ha aprendido a acostumbrarse y ver el lado positivo.

El bus que Alberto maneja es **relativamente** pequeño, sólo tiene espacio para 26 personas, pero siempre le permite conocer a alguien nuevo, especialmente cuando alguien se sienta en los **puestos** más cercanos. Las conversaciones más frecuentes suelen ser con personas que quieren preguntar sobre una dirección, pero también ha podido conversar con las personas sobre lo que planean hacer al llegar a su destino.

Algunas personas van a visitar a un familiar, otras tienen **diligencias** que hacer en la capital y otras sencillamente están haciendo **viajes de negocios**, pero todas tienen una **razón** para sus viajes y eso es lo más interesante de todo. Alberto también tiene una razón para cada uno de sus viajes, pero siempre es el mismo: es su trabajo. Algunas veces se cansa un poco, otras veces se aburre, pero siempre encuentra la manera de hacer sus viajes memorables.

El día de hoy no ha sido la excepción ya que un joven de unos 22 años se ha sentado en un puesto cercano, y antes de que comenzara el trayecto siquiera ya le había comenzado a hablar a Alberto. Este joven estaba realizando el viaje para poder asistir a la boda de su hermana, estaba muy nervioso porque era su primer viaje solo, pero Alberto le dijo que no había mucho de qué preocuparse.

Durante 15 años Alberto ha viajado en esta ruta y aunque han ocurrido algunos incidentes como **llantas desinfladas**, nunca ha habido nada de qué preocuparse. Estas rutas son bastante seguras y siempre es posible llamar a una **grúa** en caso de que algo ocurra. El **joven** se calma un poco y se presenta, su nombre es Javier y tiene 3 años viviendo solo en esta ciudad ya que está estudiando en la universidad, pero cuando se vino a mudar su familia lo acompañó.

Ahora que tiene que volver por fin a su ciudad, tiene una mezcla de emociones muy fuertes. Por un lado, está muy feliz de reencontrarse con toda su familia, pero por el otro, está nervioso sobre descubrir qué cosas han cambiado. Uno de los cambios más evidentes es que su hermana se casa, lo que significa que hay un nuevo integrante en la familia; pero, por otro lado, también se ha enterado de que sus padres están **remodelando** la casa, aunque no han querido darle demasiados detalles.

Durante el trayecto Alberto y Javier continúan conversando y así el viaje se hace menos pesado. No hablan durante todo el trayecto, principalmente porque son 9 horas de viaje, pero sí tienen oportunidad de compartir **anécdotas** de vez en cuando. Para el momento en el que llegan a su destino ya Javier está mucho mejor, la emoción ha ganado la batalla y ahora solo está impaciente por ver a su familia. Alberto está muy feliz por Javier, y de cierta manera, comparte su emoción ya que este es el final de su turno, y podrá compartir también con su familia.

Es así **como** este trabajo le deja a Alberto muchas anécdotas y conversaciones interesantes; por esta razón, decidió quedarse en este trabajo por **tantos** años. En algún punto tendrá que **jubilarse**, pero mientras el día llega, Alberto aprovechará el tiempo para conocer a tantas personas como pueda, conocer sus historias y sus intereses, ya que es una forma maravillosa de hacer amistades.

Uno de los momentos más felices es cuando los pasajeros vuelven a venir, especialmente cuando coinciden en la ruta de regreso, así Alberto puede saber qué tal les fue en su travesía, y en secreto espera poder volver a ver a Javier para saber qué tal le fue en la boda. Mientras eso pasa, Alberto sabe que podrá conocer a otras personas, ya que nunca hay viajes sin pasajeros.

Desde Sucre hasta La Paz sólo hay 9 horas, pero son más que suficientes como para poder conocer nuevas amistades y poder compartir un buen viaje.

Resumen: Alberto es un hombre honrado y sencillo que ha permanecido por más de 15 años en su trabajo como chofer de bus. Aunque a veces el trabajo es aburrido o cansón, Alberto ha decidido mantenerlo porque es una maravillosa forma de conocer nuevas personas, sus historias y sus aventuras. Alberto cree que su ruta no es un simple viaje, sino un lugar y momento correctos para hacer nuevos amigos y maravillosos recuerdos.

Summary: Alberto is an honest and humble man who has remained for more than 15 years in his job as a bus driver. Although sometimes the work is boring or tiresome, Alberto has decided to keep it because it is a beautiful way to meet new people, their stories, and their adventures. Alberto believes his route is not just a journey but the right place and time to make new friends and wonderful memories.

Lista de vocabulario

- Paisaje - Landscape, Scenery
- Monótono - Monotonous

- Relativamente - Relatively
- Puestos - Places
- Diligencias - Errands
- Viajes de negocios - Business trips
- Razón - Reason
- Llantas desinfladas - Flat tires
- Grúa - Tow truck
- Joven - Young, youth
- Remodelando - Remodeling (gerund)
- Anécdotas - Anecdotes, Stories
- Como - As, like
- Tantos - So many, such
- Jubilarse - To retire, to go on pension

Preguntas

1. ¿Cuántas personas caben en el bus que maneja Alberto?

    a) Quince
    b) Veinte
    c) Veintiséis
    d) Treinta y seis

2. ¿Cómo se llama el joven que se sienta cerca de Alberto en esta historia?

    a) Jorge
    b) Jesús
    c) Jerónimo
    d) Javier

3. ¿A qué evento se dirige Javier?

   a) El funeral de sus padres
   b) El cumpleaños de su hermano
   c) La boda de su hermana
   d) El aniversario de bodas de su hermano mayor

4. ¿Qué ciudades cubre la ruta que hace Alberto?

   a) La Paz – Oruro
   b) La Paz – Tarija
   c) La Paz – Trinidad
   d) La Paz – Sucre

5. ¿Cuántas horas de viaje hay en la ruta que recorre Alberto?

   a) Nueve horas
   b) Doce horas
   c) Quince horas
   d) Veinte horas

Respuestas

1. How many people fit in the bus that Albert drives?

C: Veintiséis - Twenty-six

2. What is the name of the young man who sits next to Albert in this story?

D: Javier - Javier

3. What event is Javier going to?

C: La boda de su hermana - His sister's wedding

4. What cities does Albert's route cover?

D: La Paz – Sucre

5. How many hours are there on the route that Alberto travels?

A: Nueve horas - Nine hours

Historia 30

Nataly, la asistente de veterinario - Nataly, the veterinary assistant

Ser asistente de veterinario es uno de los trabajos más divertidos y movidos que pueden existir. Nataly lo ha podido aprender durante este mes de entrenamiento que ha recibido. Nataly estudia veterinaria en la Universidad de la República, la UDELAR, en Uruguay. Ahora que está en el quinto semestre ha decidido buscar un poco más de experiencia profesional trabajando en un consultorio veterinario.

No es lo mismo ser veterinario que ser asistente, pero esta posición le permite conocer muchos casos y ver cómo es que se tratan en vivo y en directo, cosa que es mucho mejor que leerlo únicamente en los libros o escuchar a sus profesores hablar al respecto. Nataly supo desde los 15 años que quería ser veterinaria, desde entonces ha leído todo lo que ha podido encontrar sobre animales pequeños y grandes. Su sueño es trabajar por un tiempo en **granjas** de producción animal, para después poder dedicarse a ofrecer consultas en una clínica privada.

Los animales son maravillosos, divertidos y siempre pueden sorprenderte, por lo que es importante prestarles atención en todo momento. A veces es triste este trabajo, ya que las personas usualmente llevan a sus mascotas al veterinario por alguna **enfermedad**, pero siempre es satisfactorio verlas volver a la consulta de chequeo y verlas volver a ser felices y **saludables**. Algunas veces no es posible ofrecer una solución o una **cura**, y estos son días difíciles, pero Nataly se mantiene tranquila porque reconoce que siempre hacen todo lo que esté en sus manos para salvar a los pacientes.

Una de las actividades menos divertidas es cortarles las **uñas** a los gatos, ya que pueden volverse un poco agresivos, pero es un **procedimiento** necesario para que puedan estar más cómodos en casa. Por otro lado, una de las actividades más divertidas es bañarlos, ya que luego toca secarlos y verlos limpios y **esponjados**.

Nataly tiene 24 años y al principio fue un poco difícil para ella poder adaptarse a este trabajo, ya que antes sólo había trabajado como **asistente administrativa**, que es un trabajo silencioso, repetitivo y prácticamente aburrido en comparación, pero fue lo que le permitió comenzar sus estudios. Ahora que ha avanzado más en la carrera tiene sentido comenzar a buscar puestos más similares a su futura profesión.

La dueña del consultorio, Beatriz, siempre es muy amable con Nataly, trata de explicarle lo más que puede sobre cada caso que llega, ya que sabe que es una excelente manera de aprender, además es lo que la ayudó a **graduarse con honores** hace ya 12 años. Es difícil estudiar veterinaria ya que implica comprender la **anatomía, fisiología** y demás aspectos sobre varias especies, pero es un trabajo **gratificante** que ofrece muchos días buenos.

Nataly aspira poder tener un lugar así en un futuro para ayudar a muchos animales domésticos y poder compartir información relevante a todos los dueños de sus pacientes; por eso trata de absorber todo el conocimiento que puede durante cada día que pasa.

Es sorprendente poder ver las diferencias que puede haber entre **razas** de perros, todo esto será conocimiento útil ahora y en el futuro. Ya poco a poco Nataly va escogiendo cuáles son sus razas favoritas y las menos favoritas, pero también va aprendiendo cómo atenderlas a todas. Al ser un consultorio de mascotas domésticas no hay mucha variedad de especies, pero siempre es divertido ver llegar **conejos**.

Uno de los **datos curiosos** más lindos de Uruguay es que el 72% de los hogares tiene mascotas, lo que significa que una gran cantidad de la **población** comprende la importancia de tener un amigo perruno en el hogar. Nataly planea poner su labor al servicio de los animales y de la comunidad de la mejor forma posible; aunque no pueda trabajar de forma gratuita siempre podrá ofrecer sus conocimientos al que lo requiera.

Nataly espera poder trabajar en este consultorio veterinario por al menos un año para poder comprender más a fondo cómo funciona la administración de este lugar, pero por el momento se enfocará completamente en cómo se debe atender correctamente a los pacientes y cuál es la mejor manera de comunicarse con los dueños de las mascotas.

Si todo sale bien, en muy poco tiempo Nataly podrá ser quien se encargue de **diagnosticar** y curar animales, esa es su meta principal.

Resumen: Nataly es una joven de 24 años que está estudiando veterinaria, también trabaja como asistente de veterinario para obtener todo el conocimiento y la experiencia posible. Nataly desea aprender todo lo que pueda para emplear ese conocimiento y poder diagnosticar y curar al mayor número de animales posibles. Nataly quiere servir a su comunidad ayudando a los animales que lo requieran, debido a que ella ama las mascotas.

Summary: Nataly is a 24-year-old studying to be a veterinarian, working as a veterinary assistant to gain as much knowledge and experience as possible. Nataly wants to learn as much as possible to use that knowledge to diagnose and cure as many animals as possible. Nataly wants to serve her community by helping animals that need it because she loves pets.

Lista de vocabulario

- Granjas - Farms
- Enfermedad - Illness, sickness, disease
- Saludables - Healthy (plural)
- Cura - Cure
- Uñas - Nails
- Procedimiento - Procedure
- Esponjados - Fluffy, spongy (plural)
- Asistente administrativa - Administrative assistant
- Graduarse con honores - To graduate with honors
- Anatomía - Anatomy
- Fisiología - Physiology
- Gratificante - Gratifying
- Razas - Breed
- Conejos - Rabbits
- Datos curiosos - Fun facts
- Población - Population
- Diagnosticar - To diagnose, to diagnosticate (infinitive)

Preguntas

1. ¿Qué semestre está cursando Nataly?
    a) Primer semestre
    b) Tercer semestre
    c) Quinto semestre
    d) Octavo semestre

2. ¿Cómo se llama la dueña del consultorio donde trabaja Nataly?

    a) Beatriz

    b) Josefina

    c) Hilda

    d) Carmen

3. ¿Hace cuánto años se graduó con honores Beatriz?

    a) Hace diez años

    b) Hace doce años

    c) Hace quince años

    d) Hace veinticuatro años

4. ¿Qué trabajo tuvo Nataly antes de ser asistente de veterinario?

    a) Cajera

    b) Vendedora

    c) Asistente administrativa

    d) Asistente virtual

5. ¿Cuál es una de las actividades menos divertidas del trabajo de Nataly?

    a) Bañar a los gatos

    b) Bañar a los perros

    c) Cortarles las uñas a los perros

    d) Cortarles las uñas a los gatos

Respuestas

1. What semester is Nataly studying?

C: Quinto semester - Fifth semester

2. What is the name of the owner of the office where Nataly works?

A: Beatriz

3. How many years ago did Beatrice graduate with honors?

B: Hace doce años - Twelve years ago

4. What job did Nataly have before becoming a veterinary assistant?

C: Asistente administrativa - Administrative assistant

5. What is one of the least fun activities of Nataly's job?

D: Cortarles las uñas a los gatos - To cut cat's nails

Conclusion

Congratulations on finishing our book! We hope that you have learned to read and comprehend more in Spanish, but what is also important is that you have learned good habits such as repeating the content you have learned regularly. You can utilize this tip while learning almost anything.

Suppose you finished reading this book and have now experienced a better way of learning than the traditional educational system. In that case, you will likely not want to stop your language learning adventure.

As you already know, language learning is a precious skill in the modern world for many reasons. For example, it can lead to better-paying job opportunities, easier traveling and learning a new culture, hanging out in contact with people from around the world, reaching new customers in your business, etc.

We cannot forget that language learning is one of the best forms of memory training. You stimulate many parts of your brain while learning the required skills, like speaking, reading, and listening. The health advantage is priceless.

We would love to encourage you to continue your incredible journey. The first step is making it a habit to review the stories from this book. It will remind you of some of the words you have learned here.

You can also utilize apps on your smartphone to learn new words in a language. Spending time on your phone is more valuable than scrolling through Facebook or watching funny kiddie videos.

To be straight, we do not have anything against social media, but we believe that mobile phones can be utilized to learn languages if you want to achieve your goals faster and easier. There are many options to choose from on the market. Some include exercises to improve pronunciation. Some have stories and dialogues, while some offer word lists.

Many free or paid applications exist, so try them and choose your favorite. Why not use technology to increase your language skills?

Moreover, you listen to podcasts in your target language to familiarize yourself with the sound of the language. It is a great way to learn when you go for a walk, drive a car, or do a daily task. Also, watching videos in your target language is an excellent option while <u>not</u> driving a car!

One of the crucial things while achieving fluency in the language you are practicing is to engage with native speakers. Many mobile apps reach people worldwide, even for free! Many people want to improve their English skills, and some want to improve, for example, Spanish. You will surely benefit from these talks. It is a precious option.

If you feel confident in the language, you have learned with us, congratulations! What about challenging yourself and learn another language? Sounds like an exciting challenge, no?

Remember to use the language you have learned not to lose the ability to communicate fluently.

PS: We added a vocabulary list containing all the bolded words from the stories in one place - after this page. Check it whenever you want to revise some vocabulary.

Thank you so much for reading this book. I hope you enjoyed it. If you did, please write a genuine review on Amazon. This way, other people will benefit from reading the book, so keep them informed. Thank you!

Vocabulary from all the stories

- Abono - Fertilizer
- Abordar - To board (infinitive)
- Abrumador - Overwhelming
- Absorbido - Absorbed
- Abuela - Grandmother
- Acceder - To Access
- Aclarar - To clarify
- Acomodar - To accommodate, to suit
- Actividad - Activity
- Actividad extracurricular - Extracurricular activities
- Actriz - Actress
- Actualmente - Currently, at the moment
- Actuar - To perform
- Adaptación - Adaptation
- Adaptando - Adapting (gerund)
- Afición - Hobby
- Agasajar - To treat well (infinitive)
- Agotadores - Exhausting
- Agua - Water
- Ahora - Now
- Algunas - Some (feminine and plural)
- Alimentar - To feed, to nourish (infinitive)
- Alumnos - Students
- Amable - Kind, Gentle, Nice
- Amistad - Friendship
- Anatomía - Anatomy
- Ancianato - Nursing home
- Anécdotas - Anecdotes, Stories
- Antelación - Anticipation
- Aplicar - To apply
- Apreciar - To appreciate, to cherish, to estimate
- Aprender - To learn
- Aprendiendo - Learning (gerund)
- Apresurado - Hurried
- Aprobar - To pass, to approve, to be approved (infinitive)
- Apuntes - Notes
- Árboles - Trees
- Arbustos - Bushes
- Arduamente - Hard
- Armar - To assemble
- Articulaciones - Joints
- Asistente administrativa - Administrative assistant
- Asoma - To lean out (third person singular)
- Aspectos - Aspects, bearings
- Asunto - Matter
- Atrasadas - Overdue, late (feminine, plural)

- Audiciones - Auditions
- Avión - Airplane
- Ayudar - To help (infinitive)
- Bachillerato - High School
- Barrio - Neighborhood
- Beben - To drink (third person plural)
- Biblioteca - Library
- Bienes raíces - Real estate
- Blanco - White
- Bloqueador solar - Sunscreen
- Bodas - Weddings
- Boquiabiertas - Open-mouthed, amazed (feminine, plural)
- Brillar - To shine
- Bromas - Jokes
- Buenas notas - Good grades (buenas - good ; notas - grades)
- Cabeza - Head
- Cada - Each
- Cafetín - Coffee Shop
- Calentamientos - Warm-ups
- Calificaciones - Grades
- Caminando - Walking (gerund)
- Camión - Truck
- Cancha - Court, Field, Ground
- Candidata - Aspirant, cpplicant, Candidate
- Cansada - Tired (feminine)
- Cantante - Singer
- Capaces - Capable
- Cardiólogo - Cardiologist
- Carné de identificación - ID card
- Carrera - Career
- Carro - Car
- Casa - House
- Casi - Almost
- Celebrar - To celebrate (infinitive)
- Cena - Dinner
- Centro Comercial - Mall
- Cerciorarse - To make sure
- Certeza - Certainty
- Chaleco - Vest
- Chivos - Goats
- Cine - Cinema, Movie theater
- Claveles - Carnations
- Clientes - Clients, customers
- Coco - Coconut
- Colorear - To color, to paint
- Colores - Colors
- Comedor - Dinning room
- Comenzar - To start, to begin
- Comer - To eat
- Como - As, like
- Compañeros de trabajo - Coworkers
- Compartir - To share (infinitive)
- Competencias - Competitions
- Complicado - Complicated, complex, tangled
- Comprender - To comprehend, to understand (infinitive)
- Comunidad - Community
- Concentrados - Focused (plural)

- Concibiendo - Conceiving, giving birth
- Concierto - Concert
- Conejos - Rabbits
- Conferencia - Conference, lecture
- Confianza - Confidence, trust
- Confundidos - Confused
- Conocer - To know, to meet
- Conservar - To preserve, to keep
- Constancia - Constancy
- Consultas médicas - Doctor appointment, doctor's visit
- Contabilidad - Accounting
- Contadora pública - Public accountant, CPA
- Contar - Count
- Contrató - To hire (in the past form)
- Conversar - To talk, to chat, to have a conversation (infinitive)
- Convertirse - To become, to turn into
- Cordura - Sanity
- Corriendo - Running (gerund)
- Cosechar - To harvest (infinitive)
- Costarricense - Costa Rican
- Costumbre - Custom, habit
- Cómplice - Accomplice, partner in crime, collaborator
- Crecer - Grow up
- Creyones - Crayons
- Cuerpo - Body

- Culminar - To finish, to conclude
- Cultivar - To cultivate, to grow, to farm (infinitive)
- Cultura - Culture
- Cura - Cure
- Datos curiosos - Fun facts
- Decepcionado - Disappointed
- Dedicación - Dedication
- Definitivamente - Definitely
- Delicioso - Delicious
- Demasiado - Too much
- Demostraciones - Demonstrations
- Deportistas - Athletes, sportmen, sportwomen
- Desatendidos - Unattended
- Descubrir - To discover (infinitive)
- Destino - Fate
- Devorado - Devoured (past perfect tense)
- Diagnosticar - To diagnose, to diagnosticate (infinitive)
- Didáctico - Didactic
- Diferente - Different
- Difícil - Hard, difficult
- Diligencias - Errands
- Dirección - Address
- Disculpas - Apologies
- Diseñar - To design
- Disponible - Available
- Disposición - Disposition
- Diversificar - To diversify

- Diversos - Diverse, various, different
- Divertido - Funny
- Divertirse - To have fun
- Docencia - Teaching
- Documento - Document, file
- Dolor de cabeza - Headache
- Dominar - To master (infinitive)
- Domingos - Sundays
- Dorso - Back, Reverse
- Dulce - Sweet, candy
- Durante - During
- Edificio - Building
- Eficaz - Effective
- Ejemplo - Example, instance
- Ejercicios - Exercises
- Elegantes - Elegant, stylish, fancy (plural)
- Elocuente - Eloquent, clever
- Emblemático - Emblematic
- Emergencia - Emergency
- Emotivo - Emotional, emotive
- Empacó - Packed (to pack in past tense)
- En línea - Online
- Enamorada - In love (feminine) ; masculine version - enamorado
- Encargado - Being in charge (verb in past tense)
- Enfermedad - Illness, sickness, disease
- Enfermera - Nurse
- Ensaladas - Salads
- Ensayos - Rehearsals
- Entrenamiento - Training
- Entretenidas - Entertaining
- Envasa - To pack (third person in present tense)
- Equipo - Team
- Escenario - Stage
- Escoger - To pick, to choose (infinitive)
- Escogieron - To choose (in the past tense, conjugated first person plural)
- Escuchar música - To listen to music
- Esfuerzo - Effort
- Esguince - Sprain
- Español - Spanish
- Especial - Special
- Espectadora - Spectator, viewer
- Esperando - Waiting, expecting
- Esperanza - Hope
- Esponjados - Fluffy, spongy (plural)
- Esposa - Wife
- Esposo - Husband
- Estableció - Established, founded (past tense)
- Estacionamiento - Parking lot
- Estrategia - Strategy
- Estrella - Star
- Estrés - Stress
- Estresante - Stressful
- Estrictamente - Strictly

- Estructurada - Structured
- Estudiantes - Students
- Etapa - Stage, Phase
- Evaluaciones - Assessments, evaluations
- Evaluar - To assess, to evaluate, to review
- Eventos Deportivos - Sport events
- Excepcionalmente - Exceptionally
- Éxito - Success
- Exitoso - Successful
- Experiencias - Experiences
- Extracurriculares - Extracurriculars
- Famosa - Famous
- Favorable - Favorable
- Felicidad - Hapiness
- Fines de semana - Weekends
- Fisiología - Physiology
- Florero - Vase
- Floristería - Flower shop
- Formas - Forms
- Fotografías - Photographs, pictures
- Frecuencia - Frequency
- Frecuentemente - Frequently
- Fresa - Strawberry
- Frustraciones - Frustrations
- Fuerte - Strong
- Funcionamiento - Functioning, performance, operation
- Fútbol - Soccer

- Gallinas - Hens
- Garantizar - To guarantee
- Gaveta - Drawer
- Genuinas - Genuine, authentic (feminine, plural)
- Gesto - Gesture
- Gira - Tour
- Girasoles - Sunflowers
- Gol - Goal, Score
- Graduarse con honores - To graduate with honors
- Grande - Big, large, great
- Granjas - Farms
- Gratificante - Gratifying
- Grúa - Tow truck
- Guapa - Beautiful
- Habilidades - Abilities, skills
- Helado - Ice Cream
- Herramientas - Tools, resources
- Hipertensión - High blood pressure
- Hogar - Home
- Horario - Schedule
- Hospital - Hospital
- Hospitalidad - Hospitality
- Identificar - To identify (infinitive)
- Idioma nativo - Native language
- Incansablemente - Untiringly
- Indeseados - Unwanted (plural)
- Infancia - Childhood
- Inferiores - Inferior (plural)
- Ingredientes - Ingredients

- Inquietudes - Concerns
- Inscribirse - To subscribe
- Inseparables - Inseparable
- Insípida - Tasteless, dull, bland
- Intenciones - Intentions
- Interior del país - Mainland, country's inland
- Investigando - Researching (gerund)
- Investigar - To research (infinitive)
- Invitados - Guests
- Irrepetible - Unrepeatable
- Itinerario - Itinerary
- Jardinería - Gardening
- Joven - Young, youth
- Jubilarse - To retire, to go on pension
- Jugar - To play (infinitive)
- Jugos - Juices
- Juguetes - Toys
- Justo - Just
- Lectura - Reading
- Leer - To read (infinitive)
- Lentes - Glasses
- Lesiones - Injuries
- Libros - Books
- Liga juvenil - Youth league
- Limpia - Clean (feminine)
- Limpiar - To clean (infinitive)
- Llantas desinfladas - Flat tires
- Llevaderos - Bearable
- Luego - Later, then
- Maestro - Teacher
- Mañana - Morning
- Manejable - Manageable
- Manualmente - Manually (adverb)
- Maqueta - Mock-up, Model
- Marcas - Brands
- Mascota - Pet
- Medallas - Medals, badges
- Mejor amiga - Best girlfriend
- Mejores - Top, best (plural)
- Mejoró - Improved (To improve in past tense)
- Memorable - Memorable, Remarkable
- Memorizar - To memorize (infinitive)
- Menos - Less, fewer
- Mensualmente - Monthly
- Mesa - Table
- Mezcla - Mixture
- Mientras - While
- Moderación - Moderation
- Monótono - Monotonous
- Moradas - Purple (feminine, plural)
- Mostrador - Counter, information desk
- Muchacha - Girl
- Natación - Swimming
- Negocio - Business, company
- Negro - Black
- Nervioso - Nervous
- Nietos - Grandchildren

- Nombre - Name
- Nutritivas - Nourishing
- Ocupa - Occupies (to occupy)
- Ocupaciones - Activities, jobs, occupations
- Oficina - Office
- Ofrecer - To offer, to extend, to give
- Oftalmólogo - Ophthalmologist
- Oportunidades - Opportunities
- Orgánica - Organic (feminine)
- Organizar - To organize
- Orquesta - Orchestra
- País - Country
- Paisaje - Landscape, Scenery
- Panadería - Bakery
- Papel - Role (in another context - paper)
- Papeleo - Paperwork
- Paquete - Package
- Parada - Bus stop
- Paramédico - Paramedic
- Participación - Participation
- Participar - To participate, to join, to take part, to intervene (infinitive)
- Particular - Particular
- Particulares - Private
- Partido amistoso - Friendly match (partido - match ; amistoso - friendly)
- Partituras - Sheet music, Scores
- Pasear - To take a walk
- Pasticho - Lasagna
- Patio - Yard
- Pautar - To Schedule
- Peluquería canina - Dog grooming place
- Pensar - To think (infinitive)
- Pequeño - Little, small, short
- Pérdida de tiempo - Waste of time
- Perdurará - Will endure, will last (future tense)
- Perro - Dog
- Perseverancia - Perseverance, persistence, constancy
- Pianista - Pianist
- Picaduras de mosquitos - Mosquito bites
- Pizarra - Blackboard
- Placentera - Pleasurable, delectable
- Planificar - To plan
- Platillos - Meals
- Población - Population
- Pollo - Chicken
- Por así decirlo - So to speak, in a manner of speaking
- Porción - Ration, portion
- Porque - Because
- Posar - To pose
- Posible - Possible
- Posponiendo - Postponing (gerund)
- Postre - Dessert
- Prácticas - Trainings

- Prestigiosas - Prestigious, influential (feminine, plural)
- Presupuesto - Budget
- Previos - Previous
- Primaria - Primary school
- Primer - First
- Principalmente - Mainly, mostly
- Principiante - Beginner
- Privilegio - Privilege
- Procedimiento - Procedure
- Profesionales - Professionals
- Profundidad - Depth
- Promedios - Averages
- Proyecto - Project
- Próximo - Near, close, next
- Puestos - Places
- Pulgas - Fleas
- Queso - Cheese
- Radiografía - Radiography, X-Ray
- Rallado - Grated (to grate in past tense)
- Ramificaciones - Ramifications, branches
- Ramo - Bouquet
- Rápidamente - Quickly
- Razas - Breed
- Razón - Reason
- Recientemente - Recently
- Recuerdos - Memories
- Refuerzo - Reinforcement
- Regocijarse - To rejoice (infinitive)
- Relativamente - Relatively
- Relegados - Relegated
- Remodelando - Remodeling (gerund)
- Renunciar - To quit, to give up, to resign (infinitive)
- Repasar - To review (infinitive)
- Reprobado - Failed (to fail, infinitive)
- Responsabilidades - Responsibilities
- Reto - Challenge
- Retoño - Sprout
- Retoques - Tweaks
- Retraso - Delay, lateness
- Retribuir - To give back (infinitive)
- Reunión - Meeting
- Reunirse - To get together, to meet up, to reunite
- Ropa - Clothes
- Rostro - Face
- Rotulados - Labeled, marked
- Ruido - Noise
- Rutina - Routine
- Sabrosas - Tasty (plural, feminine)
- Sala - Living room
- Salones de clases - Classrooms (plural)
- Salón - Classroom
- Saludables - Healthy (plural)
- Sanamente - Healthily
- Sano - Healthy
- Satisfechos - Satisfied

- Secundaria - High school
- Seguro - Sure, confident
- Semana - Week
- Semestre - Semester
- Siempre - Always
- Sitio - Place, location, spot
- Solicitar - To request, to ask for (infinitive)
- Solista - Soloist
- Solo - Alone
- Sombra - Shadow
- Sopa de caracol - Snail Soup
- Sorpresa - Surprise
- Sueño - Dream, goal
- Suficiente - Enough
- Sumar - To add up, to sum up
- Supermercado - Supermarket, grocery store
- Surtir - To supply, To stock (up)
- Talla - Size
- Tantos - So many, such
- Técnica - Technique
- Tedioso - Tedious, boring
- Tema - Topic, subject
- Temporada - Season
- Temprano - Early
- Tensión - Tension, stress, pressure
- Terminología - Terminology, vocabulary
- Tiempo - Time
- Trabajadora - Worker (feminine, singular)
- Trabajar - To work
- Tradición - Tradition, custom, usage
- Trayecto - Course, way, track, path
- Triviales - Trivial (plural)
- Trotar - To Jog (infinitive)
- Tutor - Tutor
- Tutoría - Tutorship
- Ubicar - Locate
- Un poco - A little, a bit
- Uñas - Nails
- Útiles - Useful
- Valentía - Courage, bravery
- Variedad - Variety
- Velas - Candles
- Ventana - Window
- Verduras - Vegetables
- Vestimentas - Outfits
- Veterinario - Veterinary
- Viajar - To travel (infinitive)
- Viajes de negocios - Business trips
- Vida - Life
- Viejo - Old
- Vive - Lives
- Víveres - Groceries
- Vivir - To live
- Vocación - Vocation, calling
- Voluntad - Will